एक औरत की नोटबुक

[स्त्री-विमर्श]

एक औरत की नोटबुक

सुधा अरोड़ा

राजकमल प्रकाशन

ISBN : 978-81-267-2649-3

मूल्य : ₹499

पहला राजकमल संस्करण : 2015
चौथा संस्करण : 2025

प्रकाशक : राजकमल प्रकाशन प्रा.लि.
1-बी, नेताजी सुभाष मार्ग, दरियागंज
नई दिल्ली-110 002
शाखाएँ : अशोक राजपथ, साइंस कॉलेज के सामने, पटना-800 006
पहली मंजिल, दरबारी बिल्डिंग, महात्मा गांधी मार्ग, प्रयागराज-211 001
1, अनमोल सोराबजी संतुक लेन, धोबी तलाव, मरीन लाइंस, मुम्बई-400 002
वेबसाइट : www.rajkamalprakashan.com
ई-मेल : info@rajkamalprakashan.com

मुद्रक : बी. के. ऑफसेट
नवीन शाहदरा, दिल्ली-110 032

EK AURAT KI NOTE BOOK
Women discourse by Sudha Arora

जितना सताओगे
उतना उठूँगी
जितना दबाओगे
उतना उगूँगी
जितना बाँधोगे
उतना बहूँगी
जितना बंद करोगे
उतना गाऊँगी
जितना अपमान करोगे
उतनी निडर हो जाऊँगी
जितना प्रेम करोगे
उतनी निखर जाऊँगी...

इन पंक्तियों की रचयिता प्रज्ञा रावत को

आभार

शालिनी माथुर और सुजाता पारमिता का
जिन्होंने इस किताब को तैयार करने के लिए प्रेरित किया।

ज़िंदगी के गलियारे से गुज़रते हुए

'साहित्य समाज का दर्पण है' उक्ति घिस-घिस कर पुरानी हो गई, पर साहित्य का समाजशास्त्रीय विश्लेषण आज भी साहित्य का एक अनिवार्य हिस्सा नहीं बन पाया। साहित्य और समाजविज्ञान के बीच की इस खाई ने साहित्य को शुद्ध कलावादी बना दिया और समाजविज्ञान के मुद्दों को एक अलग शोध का विषय-जिसका साहित्य से कोई वास्ता नहीं। सच तो यह है कि साहित्य की सामाजिक भूमिका की अनिवार्यता से कोई भी असहमत नहीं हो सकता। इसके बावजूद सामाजिक मुद्दों को साहित्यिक पत्रिकाओं में उदारता से जगह नहीं मिलती और समाजशास्त्रीय विश्लेषण को साहित्य का दर्जा नहीं दिया जाता।

13 नवंबर, 2009-दिल्ली के विज्ञान भवन में महिलाओं पर घरेलू हिंसा प्रतिरोधक अधिनियम को लागू करने पर तृतीय राष्ट्रीय सम्मेलन का आयोजन किया गया जहाँ पूरे भारत से हर राज्य की सामाजिक कार्यकर्ताओं ने भाग लिया, जिसमें मुख्य अतिथि राष्ट्रपति श्रीमती प्रतिभा पाटिल थीं। देश की कई जानी-मानी राजनेताओं और राष्ट्रीय महिला आयोग की उच्च पदाधिकारियों ने अपने वक्तव्य दिए। जब वीडियो कैमरे दर्शक और श्रोता दीर्घा की ओर घूमे और माइक पर सामाजिक कार्यकर्ताएँ आईं तो घरेलू हिंसा से सुरक्षा के क़ानून के तहत बात करते-करते वे अपने निजी जीवन की समस्याओं के बारे में बोलने लगीं। ज़ाहिर है, वह मंच न तो सलाहकारों का केंद्र था, न पुलिसकर्मियों का थाना और न न्यायालय का कठघरा, इसलिए उन कार्यकर्ताओं को बीच में टोका गया कि यहाँ अपनी निजी समस्याओं का बयान न करें।

लगभग दो हज़ार महिलाओं से विज्ञान भवन का सभागार पूरी तरह अँटा पड़ा था। यह सच है कि महिला सामाजिक कार्यकर्ताएँ, जो दूसरी महिलाओं के लिए सहायता मुहैया करवाती हैं, अपने-अपने घरों में ख़ुद भी शारीरिक हिंसा या

मानसिक यातना का शिकार होती हैं और एक डेस्परेशन में अपने मुद्दे को या अपनी बात को पुष्ट करने के लिए अपने निजी अनुभवों को सार्वजनिक करने लग जाती हैं।

कुछ मुट्ठी भर महिलाओं को समाज में अपना एक प्रतिष्ठित मुकाम हासिल करते हुए हम देखते हैं और यह धारणा बना लेते हैं कि महिलाएँ अब दोयम दर्जे से बाहर निकल आई हैं और हर जगह अपनी आवाज़ बुलंद कर रही हैं। सच तो यह है कि यह मुकाम एक या दो प्रतिशत महिलाओं ने ही हासिल किया है। समाज में महिलाओं का एक बड़ा तबका आज भी समस्याओं से जूझ रहा है। जो दो प्रतिशत महिलाएँ बदलाव लाना चाहती हैं–वे राजनीति में हों, न्यायालय में या पुलिस में–उनकी राह में भी लगातार बाधाएँ खड़ी कर दी जाती हैं। उन्हें आज भी प्रभुताशाली वर्ग गंभीरता से नहीं लेता और भरसक नज़रअंदाज़ करने या उनका नोटिस न लेने की कोशिश करता है।

घरेलू हिंसा से सुरक्षा क़ानून को पारित करवाने में ही सुप्रीम कोर्ट की श्रीमती इंदिरा जयसिंह और उनके साथ सामाजिक कार्यकर्ताओं की पूरी टीम को दस साल की मशक़्क़त करनी पड़ी। 1995 में घरेलू हिंसा प्रतिरोधक क़ानून का पहला ड्राफ्ट बना, 1998 में दूसरा, पर अक्तूबर 2006 में ही इसे लागू किया जा सका। इस क़ानून के अंतर्गत महिलाओं के हित को ध्यान में रखते हुए क्या प्रावधान हैं, उसकी जानकारी पीड़ित महिलाओं के एक बड़े वर्ग को नहीं है। जब तक अपने अधिकारों की जानकारी या उसके प्रति जागरूकता ही नहीं होगी, उस क़ानून से मिली राहत को अमल में कैसे लाया जा सकेगा?

13 नवंबर, 2009 के तृतीय राष्ट्रीय अधिवेशन में घरेलू हिंसा प्रतिरोधक अधिनियम के परीक्षण और सर्वेक्षण की रिपोर्ट को महँगे और चिकने काग़ज़ पर बड़े साइज में अंग्रेज़ी में प्रकाशित किया गया और वहाँ सम्मिलित होने वाले सभी प्रतिभागियों में दो सौ चौदह पृष्ठों की इस भव्य किताब को वितरित किया गया जबकि वहाँ अस्सी प्रतिशत प्रतिभागी महिलाएँ हिंदी या प्रादेशिक भाषा जानने वालों में से थीं।

कहा जाता है कि आज पहले जैसी स्थितियाँ नहीं रहीं। लड़कियाँ पढ़-लिखकर जागरूक हो गई हैं। बेशक इसमें दुविधा की कोई गुंजाइश नहीं कि पहले वाली सहनशीलता और त्याग वाली भूमिका को वे अब महिमामंडित नहीं करतीं और अपने आत्मसम्मान और अस्मिता के बरक्स स्थितियों को पहचानने लगी हैं पर उनके बदलते हुए स्वरूप के साथ हिंसा और प्रताड़ना के स्वरूप भी बदले हैं, और अधिक जटिल हो गए हैं। पढ़ी-लिखी कामकाजी लड़कियों पर तेज़ाबी हमले और कार्यालय में यौन शोषण के मामले पहले से कई गुना बढ़ गए हैं। स्थितियों को

सुधारने में अगर हम दो क़दम आगे बढ़ाते हैं तो प्रताड़ना के नए-नए तौर-तरीक़े हमें चार क़दम पीछे धकेलते हैं।

वर्ल्ड हेल्थ ऑर्गनाइज़ेशन यानी डब्ल्यू.एच.ओ. की जून 2013 की रिपोर्ट मेरे सामने है-विश्व की हर तीन में से एक स्त्री घरेलू हिंसा की शिकार है, इसमें एशिया और मिडल ईस्ट देश में तादाद ज़्यादा है। डब्ल्यू.एच.ओ. के स्त्री बाल स्वास्थ्य विभाग की प्रमुख फ्लेविया बुस्त्रेओ ने कहा-ये आँकड़े चौंकाने वाले हैं और इससे भी ज़्यादा चौंकाने वाली बात है कि यह किसी एक देश में नहीं, पूरे विश्व का फिनॉमिना है।

अक्सर महिलाओं के समूह में हमारा सामना इस समस्या से हुआ है कि आम पढ़ी-लिखी औरत को जागरूक बनाने के लिए अंग्रेज़ी में तो ढेरों किताबें उपलब्ध हैं पर जो महिलाएँ अंग्रेज़ी नहीं पढ़ सकतीं और जो हिंदी में जानकारी चाहती हैं, उनके लिए किताबें कहाँ हैं! पाठिकाओं में एक वर्ग कॉलेज की छात्राओं का है जिनके लिए आज 'वीमेंस स्टडीज' और हिंदी में 'स्त्री-विमर्श' के नाम पर थोक में हर हिंदी प्रकाशक के प्रकाशन से किताबें उपलब्ध हैं। इन छात्राओं से अलग एक बहुत बड़ा वर्ग भुक्तभोगी औरतों का-जिनमें शिक्षित, अर्द्धशिक्षित या अनपढ़ सभी शामिल हैं और ऐसी सामाजिक कार्यकर्ताओं का है, जिन्होंने इस जमात की तकलीफ़ को बहुत नज़दीक से देखा ही नहीं, अपने जीवन में इन समस्याओं से मुठभेड़ भी की है। अपने आपको एक चक्रव्यूह से बाहर निकालना उनके लिए आसान नहीं था।

हिंदी साहित्य में स्त्री-विमर्श के साथ दिक़्क़त यह है कि यह विमर्श विमर्शवादियों के लायक बनकर ही रह गया है। बोझिल वाग्-विलास और अव्यावहारिक सैद्धांतिक नज़रिया-पहले से पढ़े-लिखों को कुछ और साक्षर बनाने का उपक्रम बनकर रह जाता है। जो औरतें पहले से सशक्त हैं, उन्हें सशक्तीकरण की क्या सीख दी जा सकती है! इस सीख की ज़रूरत तो उस वर्ग को है, जिस तक न क़ानून की जानकारी पहुँचती है, न उसकी अपनी भाषा में प्रस्तुत की गई सामग्री जिससे वह अपनी समस्याओं से लड़ने का और उनके बीच से रास्ता निकालने का तरीक़ा ढूँढ़ सके।

साहित्य की अनेक विधाओं में से एक प्रमुख विधा है-कहानी। अपने छोटे आकार के कारण यह अपेक्षाकृत अधिक लोकप्रिय विधा है। कोई लेखक क्यों कहानी विधा को चुनता है, इसके अलग-अलग कारण हो सकते हैं। मेरे लिए कहानी लिखने का अर्थ जीवन में आए किसी विशिष्ट पात्र या किसी हैरतअंगेज़ घटना का बयान करना नहीं है। यों तो रोज़ ही हमारे इर्द-गिर्द और हमारे घर से बाहर भी इतना कुछ घटित

होता है कि हर रोज़ कुछेक कहानियाँ बन सकती हैं। पर कोई भी घटना या पात्र तब तक कहानी का विषय नहीं बनता जब तक वह समाज की किसी बड़ी विसंगति या किसी बड़े सरोकार का प्रतिनिधित्व नहीं करता। कहानी लिखते समय वास्तविक चरित्र तो दिमाग़ से ओझल हो जाते हैं, बस, वह केंद्रीय भाव बचा रह जाता है, जिसने दिमाग़ में ख़लल पैदा कर दिया था और जिसके इर्द-गिर्द नए सिरे से पात्र रचे जा सकते हैं। कई बार जीवन में देखे गए दो-तीन किरदार कहानी के एक ही पात्र में सिमट जाते हैं और कभी-कभी जीवन में देखा-सुना एक पात्र दो-तीन अलग-अलग कहानियों में अलग-अलग भूमिकाएँ निभाता दिखाई दे जाता है।

क्या कहानियाँ सिर्फ़ दोपहर की फ़ुरसत में महिलाओं को अच्छी नींद सुलाने के लिए लिखी जानी चाहिए? क्या हर कहानी का पहला उद्देश्य मात्र मनोरंजन होना चाहिए? नहीं। बेशक कहानियों से कोई बड़ा सामाजिक आंदोलन खड़ा नहीं किया जा सकता पर जीवन को बेहतर बनाने में, सामाजिक कुरीतियों को अपदस्थ करने में, व्यक्ति को उसके इर्द-गिर्द फैली विसंगतियों के प्रति जागरूक और चौकस करने में हर प्रकार के रचना-कर्म की एक निश्चित सकारात्मक भूमिका होती है। कहानी विधा भी वही भूमिका निभाती है। आमतौर पर गृहिणी औरतें अपनी रोज़मर्रा की ज़िम्मेदारियों-बच्चों की देखभाल, घर-ख़र्च की व्यवस्था और रसोई की रूटीन से हटकर जैसे अपना दुपहर का ख़ाली वक़्त सिलाई-कढ़ाई या क्रोशिए के मेज़पोश बुनने या घर की बची-खुची कतरनों से कांथा या गोदड़ी बनाने में लगाती हैं, वैसे ही कुछ पढ़ी-लिखी औरतें दुपहर का वक़्त 'गृहशोभा' या 'मेरी सहेली' जैसी पत्रिकाओं की कहानियाँ पढ़ने में बिताती हैं। उनके लिए कहानी पढ़ने का मक़सद यही है कि कहानी पढ़ते-पढ़ते उन्हें अच्छी सी नींद आ जाए और वे एकरस रूटीन से कुछ निज़ात पा सकें। मैं दुपहर की फ़ुरसत में नींद दिलाने के लिए कहानियाँ नहीं लिखती। कहानी पढ़कर आती हुई नींद भाग जाए और पढ़नेवाले के दिमाग़ में थोड़ा सा ख़लल पैदा करे, कुछ सोचने पर मज़बूर करे, घर के पिछवाड़े फेंक दी गई या जानबूझकर आँखों से ओझल कर दी गई कुछ अनचाही स्थितियों को सामने ला खड़ा करे-तभी कहानी लिखने का मक़सद पूरा होता हुआ दिखाई देता है।

तीस साल पहले 1984 में जब मैंने कलकत्ता दूरदर्शन के लिए हिंदी साहित्य की प्रख्यात रचनाकार मन्नू भंडारी का साक्षात्कार लिया था तो उनसे एक सवाल पूछा था-"क्या कारण है कि आपकी नायिकाएँ त्रासदी से गुज़रती हैं तो भी समझौता करती ही दिखाई देती हैं या अपने जीवन की विसंगतियों को पहचानने के बाद भी विद्रोह नहीं करतीं।" तो उन्होंने फ़ौरन उत्तर दिया था-"यह बताओ, समाज में कितनी औरतें हैं जो विद्रोह

का झंडा हाथ में लेकर बग़ावत पर उतर आती हैं? जब जीवन में यह नहीं होता तो कहानी में हम ऐसा होते हुए कैसे दिखा सकते हैं!''

आज मन्नू जी के उस जवाब को याद करते हुए डॉ. आंबेडकर का वक्तव्य याद आता है कि शोषित को शोषण की पहचान करवाना ज़रूरी है, विद्रोह करना तो वह अपने आप सीख जाएगा। मध्यवर्गीय भारतीय औरत की सबसे बड़ी त्रासदी यह है कि उसे अपने अस्तित्व को कुचलने वाली स्थितियों की, अलग-अलग स्तरों पर अपने शोषण की पहचान ही नहीं होती। अगर शोषण की-विशेषकर मानसिक तनाव और यातना की-पहचान ही न हो तो उसकी सारी ऊर्जा विपरीत स्थितियों के साथ तालमेल बिठाने में ही ख़र्च हो जाती है। बग़ावत करना तो बहुत दूर की बात है, स्थितियों को पहचानने के औज़ार ही उसके पास मौजूद नहीं हैं।

ग़ौरतलब है कि तीस साल पहले रचनाकार मन्नू भंडारी ने कहा था कि ''हमारे भारतीय समाज में कितनी औरतें हैं जो विद्रोह का झंडा हाथ में लेकर बग़ावत पर उतर आती हैं?'' अपने इस कथन के दस साल बाद मन्नू जी ने न सिर्फ़ अपने जीवन में एक अहम निर्णय लेकर अपने जीवन के फ़ैसले तमाम सामाजिक दबावों के बावजूद अपने हाथ में ले लिये बल्कि अपने उस मुश्किल निर्णय पर अडिग भी रहीं! और इस निर्णय की बदौलत ही अपने जीवन की तनावपूर्ण स्थितियों से बाहर आकर एक सम्मानजनक ज़िंदगी का निर्वाह उनके लिए संभव हो पाया।

मन्नू जी की ही तरह न जाने कितनी औरतें अपने जीवन में एक सीमा तक ही तनाव और यातना से समझौता करती चलती हैं। इतना बदलाव तो औरतों के जीवन में और उनकी मानसिकता में आया ही है कि वे ग़लत के ख़िलाफ़ आवाज़ उठाना और प्रताड़ना के विरोध में घर की चहारदीवारी में रहते हुए भी उसका विरोध करना सीख गई हैं। सीख रही हैं।

वास्तविकता यह है कि डरी-सहमी, रोती-कलपती, पैरों पर गिरी, गिड़गिड़ाती और मिन्नतें करती औरत कभी हिंसक पुरुष को बदल नहीं सकती बल्कि वह उसे और त्रासजन्य आनंद पाने के लिए उकसाती है। अहंकारी और सामंती पुरुष को हराने का और बदलने का यही एक रास्ता है कि रोना-धोना बंद कर औरत उसके हर औज़ार को निरस्त कर दे। जो कभी पाँवों पर गिरी रहती थी, जिस दिन उठकर अपने पाँव पर खड़े होना सीख जाती है और जिस दिन आर्थिक और भावनात्मक आश्रय से निकलकर अपने लिए एक स्पेस बना लेती है और अपने पति को सैडिस्ट होने का आनंद देना बंद कर देती है, पुरुष का पूरा मक़सद ही डिफ्यूज़ हो जाता है।

आकार में इन बिल्कुल छोटी-छोटी कहानियों को अर्द्धशिक्षित महिलाओं के बीच बैठकर पढ़ने के बाद की गई चर्चा के दौरान इस संकलन को तैयार करने का विचार

आया कि कहानियाँ बेशक छोटी हैं पर वे महिलाओं की किसी न किसी समस्या की ओर उँगली उठाकर इंगित करती हैं। उस समस्या पर विचार करने को मज़बूर भी करती हैं और उनका हल ढूँढ़ने को प्रेरित भी। विचार में कहानी गुँथी है और कहानी में विचार। किसी ख़ास विचार को प्रतिपादित करने के लिए बेशक कहानी नहीं लिखी जाती पर कोई भी कहानी सिर्फ़ काग़ज़ काले करने के लिए या दिमाग़ी ऐयाशी करने के लिए क़लम से बाहर नहीं आती।

यह भी सच है कि कहानी लेखन की अपनी सीमाएँ हैं। कथा साहित्य में आप कहानी के कथ्य से अलग जाकर स्त्री सशक्तीकरण का संदेश नहीं दे सकते। कहानी में हम 'जैसा है' या 'जैसा होता रहा है' की स्थितियाँ ही अधिक दिखाते हैं, जबकि आलेखों में, टिप्पणियों में या छोटे-छोटे एकपृष्ठीय स्तंभों में हम स्त्रियों को 'जैसा होना चाहिए' की प्रेरणा, हौसला या नारा भी दे सकते हैं। जो काम साहित्य की इस ज़रूरी विधा कहानी के माध्यम से नहीं किया जा सकता, वह आलेखों, टिप्पणियों, वक्तव्यों या आह्वानपरक कविताओं के माध्यम से किया जा सकता है। यह किताब इन कुछ विधाओं को मिलाकर की गई कोशिश का परिणाम है।

इस किताब में सम्मिलित एक आलेख-'जिसके निशान नहीं दिखते' प्रमुख अख़बार 'द हिंदू' के मैंगज़ीन में पहले पूरे पृष्ठ पर 30 मार्च, 2008 को अंग्रेज़ी में प्रकाशित हुआ था और उसमें मेरा मेल आई डी दिए जाने के कारण दो दिन में पूरे भारत से सौ से ऊपर संदेश आए थे। कुछ भुक्तभोगी महिलाओं के, कुछ उनके भाइयों और बेटों की ओर से। तभी मैंने इसे पहचाना कि हमारे समाज में मानसिक प्रताड़ना और चुप्पी की हिंसा की समस्या कितनी अनचीन्ही रह गई है। गनीमत है कि भारत के सभी प्रमुख शहरों में महिला सलाहकार केंद्रों का सहायता समूह सक्रिय है, इसलिए उन्हें सही दिशा-निर्देश दिया जा सका। आज भी इसे पढ़ने के बाद महिलाएँ अपनी त्रासदी को शेयर करने के लिए अपनी बरसों की चुप्पी को तोड़ती हैं। लेकिन जिस बात ने मुझे सचमुच सार्थकता का अहसास करवाया, वह था इस आलेख पर पुरुषों की बेहद सार्थक प्रतिक्रिया। जिन्हें अपना नाम दिए जाने से परहेज़ नहीं, मैं उनकी प्रतिक्रिया की बात करना चाहूँगी।

नैनीताल में महिला समाख्या के कार्यक्रम में मैंने 'जिसके निशान नहीं दीखते यानी चुप्पी की हिंसा' पर लंबा आलेख पढ़ा था। जहाँ एक ओर पुरुषों की जमात में अजीब सी खलबली, बेचैनी नज़र आई, वहीं औरतों ने कहा कि यह तो हमारे घर में रोज़ का क़िस्सा है, जिसकी समझ हमें नहीं थी, आपने हमारी बात कह दी। घर में अर्थ कमाकर लाने वाला व्यक्ति अपने घर में तानाशाह की तरह व्यवहार करता है और

आईना देखना उसे गवारा नहीं। इसका संस्कार ही नहीं होता उसमें। लेकिन जो एक बहुत बड़ा पॉजिटिव बदलाव दिखाई दिया, वह उन पुरुषों के नजरिए में जो संवेदनशील हैं और अपने को बदलना चाहते हैं।

अगले दिन एक स्थानीय वरिष्ठ रचनाकार श्री सिद्धेश्वर प्रसाद सिंह बोले–आपके लेख का एक पैराग्राफ़ मुझे भीतर तक छू गया। मैं अब वह नहीं रह गया जो कल तक था। सचमुच जब मैं लिख रहा होता था और कमरे में मेरी पत्नी चाय का कप उठाने या बच्चा गेंद खेलते-खेलते आ जाता था तो मैं इतनी ज़ोर से चिल्लाता था जैसे घर सिर्फ़ मेरा है, उनका नहीं। अब मैं आपकी बात याद रखूँगा। एक युवा लेखक ने कहा–दीदी, मैं सच कहता हूँ, आज के बाद से मैं कभी अपनी पत्नी के पकाए ख़ाने में बेवजह नुक़्स नहीं निकालूँगा।

मुंबई की एक लघुपत्रिका 'सृजन संवाद' में मेरी डायरी के कुछ अंश छपे थे। एक दिन उसके संपादक प्रो. संजीव दूबे ने फ़ोन पर बताया–"मेरी पत्नी डॉक्टर के पास जा रही थी। मैंने उसे रोककर कहा–मैं भी तुम्हारे साथ चलता हूँ। मुझे आपकी लिखी बात याद आ गई कि ये पति नहीं जानते कि उनकी पत्नियों की आधी बीमारी तो उनके पतियों के साथ चलने भर से ठीक हो जाती है।"

मराठी भाषा में स्त्री मुद्दों पर मेरे आलेखों के संग्रह 'उंबरठ्याच्या अल्याड पल्याड' में यह आलेख शुमार है। एक दिन लातूर से प्रोफेसर राजा होलकुंडे का फ़ोन आया। उन्होंने कहा–मैं आपसे अपना एक अनुभव बाँटना चाहता हूँ। मैंने आपका आलेख बहुत ध्यान से पढ़ा और मुझे लगा, मैं भी तो यही कर रहा हूँ। घर लौटते ही इतना चिल्लाने लगता हूँ कि परिवार के सब सदस्य दहशत में आ जाते हैं। मेरी पत्नी भी मेरे सामने बिल्कुल आवाज़ नहीं निकालती। मेरे मन में आया कि मुझे अपने को बदलने की कोशिश करनी चाहिए। कुछ दिन मैंने अपने को बदलने के फ़ैसले पर अमल किया। चौथे दिन मेरी पत्नी बहुत हैरान-परेशान दिखी और मेरे पास आकर चिंतातुर होकर बोली कि सब ठीक तो है? आप इतने चुप क्यों हैं? आपकी तबीयत तो ठीक है? मैंने तब उसे भी आपका लेख पढ़वाया। अब हमारी ज़िंदगी पहले से बहुत बेहतर है।

तो चीज़ें बदल तो रही हैं धीरे-धीरे...पर यह क़ाबिले-ग़ौर है कि औरतें किस क़दर विपरीत स्थितियों की भी आदत डाल लेती हैं और उन्हीं में जीने की अभ्यस्त हो जाती हैं।

ऐसे अनगिनत उदाहरण हैं मेरे पास। इस बात पर यक़ीन करने का कोई कारण नहीं है कि साहित्य कारगर औज़ार नहीं रह गया है। इससे समाज नहीं बदलता। समाज में धँसकर बैठी हुई ग़लत रूढ़ियों और परम्पराओं पर साहित्य का कोई असर नहीं

होता। साहित्य सिर्फ़ पढ़े–लिखों का फ़ितूर और कवायद बनकर रह गया है। मेरे निजी अनुभव बताते हैं कि आप समझ में आने वाली भाषा में ऐसे मुद्दों पर बात करें जो आज के समय में स्त्री और पुरुष के गले की फाँस बन गए हैं तो कौन से दंपती ऐसे होंगे जो अपनी ज़िंदगी को बेहतर बनाने के लिए स्थितियों को समझना और अपने को बदलना नहीं चाहेंगे।

फिर भी इससे इनकार नहीं किया जा सकता कि बदलाव उन्हीं में आएगा जो अपने को बदलना चाहते हैं। यह एक तल्ख सच्चाई है। जो अपने पौरुषीय अहंकार और शॉविनिज़्म को 'फेदर इन द कैप' की तरह सजाकर बैठे हैं, वे ताउम्र इसी के साथ ज़िंदगी बसर करेंगे। जो अपने को बदलना चाहते ही नहीं, उन्हें कोई क्या खाकर बदलेगा! हर आदमी एक बड़े समाज का हिस्सा है। सदियों से पुरुष वर्चस्व के तयशुदा मानदंडों से ही समाज परिचालित होता रहा है। अब आज के समय की अपेक्षा है कि पुरुष बदलें, लेखकों से भी अपेक्षा है कि जीवन को उदात्त बनाएँ, पाठक को संस्कारित करें। जीवन में और लेखन में ईमानदार होना इसकी पहली शर्त है। उनमें भी हम वही बदलाव देखना चाहते हैं जो एक सामान्य पुरुष में।

एक प्रसिद्ध मनोवैज्ञानिक का कथन है–

"My experience is that changing men is difficult but not impossible.
An alternative to violence means learning to act non-violently.
It means co-operation instead of competition,
It means respecting instead of degrading,
It means equality instead of dominance,
It means dialogue instead of monologue,
It means communicating instead of control,
It means love instead of fear, hate and contempt,
Men must take responsibility for their violence and dominance."
–Isdal, Leading Psychologist, Alternative to Violence, Oslo, Norway

''मेरा अनुभव कहता है कि व्यक्ति को बदलना मुश्किल है पर असंभव नहीं।
हिंसा का विकल्प है अहिंसक तरीक़े अपनाना,
इसका अर्थ है–प्रतिस्पर्द्धा के बजाय सहयोग,
नीचा दिखाने के बजाय सम्मान देना,
शासन करने की जगह बराबरी का दर्जा देना,

एकालाप की जगह संवाद,
नियंत्रण की जगह संप्रेषण,
डर, नफ़रत और अवमानना की जगह प्रेम,
हर व्यक्ति को हिंसा और शासन पर नियंत्रण करना चाहिए
और उसकी ज़िम्मेदारी लेनी चाहिए।''

अपने मक़सद में मैं कितनी कामयाब हो पाई हूँ, यह तो वे पाठक–पाठिकाएँ ही तय करेंगे जिनके लिए यह किताब लिखी गई है। अगर उन्हें इस किताब के माध्यम से अपने को पहचानने में थोड़ी सी भी मदद मिलती है तो मैं अपनी मेहनत को सार्थक समझूँगी।

—सुधा अरोड़ा

1702, सॉलिटेअर,
हीरानंदानी गार्डन्स, पवई,
मुंबई–400076
sudhaarora@gmail.com

अनुक्रम

एक औरत की नोटबुक

[खंड : एक]

घरेलू हिंसा के ख़िलाफ़

वैज्ञानिक कीड़े-मकोड़ों और पशु-पक्षियों पर कुछ प्रयोग करते हैं। एक वैज्ञानिक ने दो मेढक लिये। एक मेढक को उसने काफ़ी गरम पानी में छोड़ा, पानी के उस गरम तापमान को झेल पाने में असमर्थ वह फ़ौरन कूदकर बाहर आ गया। अब उसने दूसरे मेढक को ठंडे पानी में डाला, मेढक उसमें आराम से तैरता-कूदता रहा, उसने बाहर छलाँग नहीं लगाई। वैज्ञानिक ने धीरे-धीरे पानी का तापमान बढ़ाया और उसे धीरे-धीरे बढ़ाते हुए बहुत गरम कर दिया। मेढक उस गरम होते तापमान का धीरे-धीरे अभ्यस्त हो गया। और जब उसका शरीर तापमान नहीं झेल पाया तो वह मर गया।

औरतों के साथ यही हुआ है। सदियों से उनका अनुकूलन किया गया है। वह हर तरह के तापमान की इस क़दर अभ्यस्त हो जाती हैं कि एक नए घर के नए माहौल में नए लोगों के बीच धीरे-धीरे बढ़ते तापमान के साथ तालमेल बिठाना सीख जाती हैं और यह तालमेल अंतत: उनकी मर्यादित शोभायात्रा में उनकी माँग में सिंदूर के रूप में उनकी सजी हुई अर्थी में दीखता है।

आक्रामकता के ख़िलाफ़ : एक आम औरत की आवाज़

'क्या आपके पति आपको पीटते हैं?' काउंसिलिंग के लिए आए एक सज्जन ने मुझसे सीधा सवाल किया।

'जी नहीं।' मैंने बड़े धीरज के साथ कहा। काउंसिलिंग की हमारी आचार-संहिता का एक पहला नियम है-सामनेवाले की बात को, बग़ैर आपा खोए, ध्यान के साथ सुनना।

'क्या उन्होंने आप पर कभी हाथ नहीं उठाया?' वह फिर धृष्टता ज़ाहिर करते बोले।

'कभी नहीं।' मैंने बड़े आत्मविश्वास के साथ कहा, गोया किसी पुरुष का अपनी पत्नी को न पीटना ही अच्छे, सुसंस्कृत, सभ्य पति के ख़ाने में उसका नाम दर्ज कराने के लिए काफ़ी है।

'तब तो वह बड़े आदर्श पति हैं।' उन्होंने कुछ प्रभावित होने के अंदाज़ में मुस्कराकर कहा, पर उनकी मुस्कुराहट में व्यंग्य था। और यह व्यंग्य उनके अगले वाक्य में कुछ ज़्यादा ही मुखर था-'इसका अर्थ है कि वह आपको सच्चा प्यार नहीं करते।' पति की डिक्शनरी में सच्चे प्यार की परिभाषा की तमाम विशेषताओं की साक्षात् प्रतिमूर्ति बने वह मेरे सामने थे।

इसके बाद यह समझ पाने में कहीं कोई दिक़्क़त नहीं थी कि अपनी सहमी-सकुचाई पत्नी पर जब-तब लगभग क़साईनुमा हिंसा और निर्मम होकर हाथ-पाँव उठाने के बावजूद वह अपने-आपको, अपनी पत्नी को बेहद चाहने-समझने वाले पति के रूप में प्रोजेक्ट कर पूरी तरह अपने आचरण से संतुष्ट और आश्वस्त थे।

'क्या एक माँ-जो अपने बच्चे को अपनी जान से ज़्यादा प्यार करती है, उस पर कभी हाथ नहीं उठाती? या उसके किसी ग़लत काम पर चाँटा नहीं जड़ देती? अगर आप एक माँ के इस आचरण को जस्टीफाई कर सकती हैं तो पति के हाथ उठाने पर आपत्ति क्यों?' यह उन सज्जन की अगली दलील थी।

इस तरह की बीमार मानसिकता के यह अकेले पुरुष हैं, ऐसी बात नहीं है। वस्तुतः वे ऐसे पुरुषों की पूरी एक जमात का प्रतिनिधित्व करते हैं जो आज भी यह समझते हैं कि औरत की जगह का खाँचा उसके पति के चरणों के इर्द-गिर्द ही कहीं आँक दिया गया है।

उन्हें यह समझाना काफ़ी मुश्किल था कि एक माँ का भी, बच्चे पर हाथ उठाना या तड़ाक से उसके गाल पर थप्पड़ लगा देना, किसी भी दृष्टि से न तो न्यायोचित है, न मानवीय। यह भी एक समर्थ, शारीरिक रूप से ताक़तवर व्यक्ति की कमज़ोर और निरीह व्यक्ति को दी गई यातना का ही एक रूप है, जो किसी भी तरह क्षम्य नहीं है। जिस दिन वह बच्चा बड़ा होगा और शारीरिक रूप से प्रतिकार के क़ाबिल होगा, वह बिसूरते हुए अपना गाल सहलाने की बजाय माँ के उठे हुए हाथ को न सिर्फ़ पीछे धकेल देगा, बल्कि प्रकारांतर से बचपन में मिले सारे तमाचों को मूल और ब्याज सहित लौटा देगा। उस वक़्त वह यह कभी नहीं सोचेगा कि मेरी माँ ने किसी और की दी हुई प्रताड़ना या ज़िल्लत का ग़ुस्सा मेरे कमज़ोर शरीर या नाज़ुक गालों पर बेवजह या किसी नामालूम-सी ग़लती के तहत उतारा था।

माँ का बेटे पर या पति का पत्नी पर हाथ उठाना शारीरिक दृष्टि से बलशाली पुरुष द्वारा एक कम शक्तिशाली अस्तित्व का दमन है। इसका यह अर्थ क़तई नहीं है कि सभी पुरुष अपनी पत्नियों पर अत्याचार करते हैं। किसी भी स्थिति का सामान्यीकरण नहीं किया जा सकता, पर यहाँ हमारा अभिप्रेत पुरुष-वर्चस्व या शॉविनिज्म के मूल कारणों की पड़ताल करना है।

भारतीय पति द्वारा पत्नियों को दी गई प्रताड़ना के बारे में आमतौर पर दो मिथ प्रचलित हैं—पहला यह कि ज़्यादातर निम्न वर्ग के कामकाजी मज़दूर वर्ग के पति ही ग़रीबी की मार और बड़े परिवार का बोझ उठाने में असमर्थ होने के कारण अपनी पत्नियों के साथ शारीरिक हिंसा या मार-पीट पर उतर आते हैं।

दूसरा मिथ यह है कि सामान्यतः भारतीय पति/पुरुष अपने होशोहवास में क्रूरता या हिंसा का प्रदर्शन नहीं करता, बल्कि वह किसी न किसी नशे-शराब का हो, ड्रग्स का या अफ़ीम का—के कारण ही न चाहते हुए भी अपना आपा खो बैठता है। (यह अलग बात है कि हिंसक पति को आख़िरकार पत्नी को पीटने की भी लत पड़ जाती है जो पान, तंबाकू, सिगरेट या शराब की लत की तरह ही आसानी से छूटने में नहीं आती।)

इस तरह की धारणाएँ हमारे पुरुष-प्रधान समाज में पुरुषों द्वारा ही स्थापित की गई हैं या फिर ऐसी पतिपरायण स्त्रियों द्वारा, जिन्हें जन्म से ही अपने घर-परिवार के दकियानूसी संस्कारों में सहनशीलता का घोल जन्मघुट्टी में ही घोलकर पिला दिया जाता है।

भारत के सिर्फ़ एक महानगर–बंबई के नारी–संस्थानों या महिला–संगठनों के कार्यालयों के आँकड़ों को ध्यान में रखते हुए शोध किया जाए तो यह आश्चर्यजनक तथ्य सामने आता है कि बहुत से सुप्रतिष्ठित, अंतरराष्ट्रीय स्तर पर ख्यातिप्राप्त, अपनी आभिजात्य, शालीन छवि लिये हुए संभ्रांत, नामी–गिरामी पुरुष भी किसी न किसी कमज़ोर क्षण में (जिसे वे अपनी मज़बूरी ही कहेंगे) अपनी पत्नियों को पीटते हैं। वे चाहे जनता के चहेते, स्वनामधन्य राजनीतिज्ञ हों, महान संगीतकार, गीतकार, फ़िल्म–निर्माता, निर्देशक, गायक, अभिनेता हों या प्रबुद्ध वर्ग के लेखक, कवि गीतकार, कला–समीक्षक, रंगकर्मी या मल्टीनेशनल कंपनियों के उच्चाधिकारी हों–इनकी फेहरिस्त बहुत लंबी है और इनके यदि नाम गिनाए जाएँ तो एक आम पाठक के सामने उसके तथाकथित 'गॉडफादरों' की इमेज़ भरभराकर ढह जाएगी। जनता या समाज की अदालत से अलग ये संभ्रांत व्यक्ति अपने घर की चहारदीवारी में सिर्फ़ पुरुष होते हैं और उन आम पुरुषों से क़तई अलग नहीं होते जो यह समझते हैं कि पत्नी एक बिना हाड़-मांस, बिना दिल–दिमाग़ के एक ऐसा बेजान पुतला है, जिसे इच्छानुसार परिचालित करने के लिए उस पुतले की चाभी ख़ुदा ने उनके हाथ में सौंप दी है। इस्तेमाल करने के तरीक़े और चाभी को घुमाने के अंदाज़ में फ़र्क़ हो सकता है, पर इसमें संदेह नहीं कि नामी–गिरामी पुरुषों की पत्नियाँ, उम्र के किसी न किसी मोड़ पर जा़कर, अपने इन सुप्रतिष्ठित पतियों से 'डिसइल्यूजंड' होती हैं। इंदिरा गांधी से लेकर प्रिंसेज डायना तक, फ्लेविया एग्नेस से लेकर शहनाज़ शेख तक, मीना कुमारी से लेकर डिंपल कपाड़िया तक–सभी औरतें एक आम पति की हिंसक मारपीट से लेकर अपने नामी, प्रभामंडल–युक्त पति की सूक्ष्म प्रताड़ना या अवहेलना का इतिहास अपने भीतर समेटे हैं।

आमतौर पर संभ्रांत पति इस बारे में किसी शुभचिंतक या मित्र द्वारा इस विषय को उठाया जाना क़तई पसंद नहीं करते। उनके अनुसार, यह उनका नितांत निजी मामला है और इस मामले में किसी भी अन्य का हस्तक्षेप उन्हें बर्दाश्त नहीं होता। ज़ाहिर है कि किसी दूसरे की जिरह या छानबीन से उन पति महोदय के बेनक़ाब होने का पूरा अंदेशा है। कई बार दांपत्य संबंधों की हिंसा की तह में बेहद मामूली–से कारण पाए गए हैं–ख़ाने में नमक कम या ज़्यादा होना, बच्चे की स्कूली रिपोर्ट ख़राब होना, पत्नी का वक़्त पर सामने उपस्थित न होना, पत्नी की साड़ी में सलवटों का होना या पत्नी का सजा–सँवरा होना, पत्नी का ग़लत वक़्त पर ग़लत तरीक़े से पेश आना–यानी कुल जमा बात यह है कि अगर पति किसी भी कारण से अपनी पत्नी पर हाथ उठाना ही चाहता है तो पत्नी के छींकने से

लेकर उसके हिलने-डुलने तक एक हज़ार कारण पति की जायज़ नाराज़गी के लिए पैदा किए जा सकते हैं।

निम्न-मध्य वर्ग में हिंसा का एक प्रमुख कारण दहेज़ होता है। एक औसत मध्यवर्गीय लड़का शादी के बाज़ार में अपने-आपको सबसे महँगी बिकाऊ चीज़ समझता है और इसकी पूरी क़ीमत न मिलने पर पत्नी को प्रताड़ित करना अपना जन्मसिद्ध अधिकार समझता है।

इस पर न कोई सवाल उठाया जा सकता है, न बीच-बचाव किया जा सकता है, क्योंकि पड़ोसी से लेकर पुलिस थाने तक-सबका पिटती हुई औरत की सहायता के लिए उठ खड़े न होने का एक ही शाश्वत कारण है कि यह पति-पत्नी का 'निजी मामला' है।

इस संदर्भ में गांधीजी की चिरंतन उक्ति का याद आना स्वाभाविक है कि अन्याय करने वाले से अन्याय सहने वाला अगर ज़्यादा नहीं तो कम से कम बराबर का दोषी है। लेकिन दांपत्य जीवन की हिंसा के संदर्भ में हम अन्याय सहने वाले को इतनी आसानी से दोषी करार नहीं दे सकते, क्योंकि इसके पीछे एक लंबी सामाजिक पृष्ठभूमि और संस्कारगत विरासत है, जिसकी परत-दर-परत से निज़ात पाने के लिए औरत को न जाने और कितने दशक लगेंगे।

पहली बात तो यह है कि अन्याय सहने वाला पक्ष यानी कि औरत इस मायने में तो दोषी है ही कि इसे 'निजी' दुःख या नियति या तकदीर मानने में ज़्यादातर औरत का ही हाथ होता है। बेशक इसके लिए उसके संस्कार और संस्कारगत झिझक ज़िम्मेदार है, जिसके तहत वह सोचती है कि शादी के बाद उसके पति का घर उसका अपना घर है और इस घर की सामाजिक मान-मर्यादा, प्रतिष्ठा का सारा दारोमदार उसके कंधों पर है। अगर उसका पति उसे वजह-बेवजह पीटता है तो इस बात को अपनी चहारदीवारी से बाहर निकालने में स्त्री को सबसे पहले अपनी ही प्रतिष्ठा पर आँच आती महसूस होती है।

आज भी प्रताड़ित महिलाओं की सहायता के लिए बनाए गए संगठनों में अधिकतर निम्न-मध्य वर्ग या मध्य वर्ग की अधेड़ महिलाएँ ही अधिक होती हैं। इनकी उम्र चालीस-पचास के बीच की होती है। ऐसी महिलाओं का एक औसत वार्तालाप इस तरह का होता है-

'कब से आपके पति इस तरह का व्यवहार करते हैं?'

'जब से शादी हुई।'

'आपने कभी किसी से शिकायत की?'

'नहीं, कभी नहीं।'

'क्यों?'

'सोचती थी–घर की बात बाहर क्यों निकालूँ। और लगता था, कभी तो ये सुधर जाएँगे।'

'आपके पति इससे सुधरे?'

'नहीं, हर बार मैं कोशिश करती थी कि जिस कारण ये ग़ुस्सा होते हैं, उस कारण को दूर करूँ, लेकिन फिर कोई दूसरा कारण पैदा हो जाता था।'

'आपके पड़ोसियों को मालूम है?'

'जी हाँ।'

'उन्होंने कभी बीच-बचाव किया?'

'शुरू में वे पूछते थे, पर मैं ही छिपा जाती थी। कभी कहती–नल से चोट लग गई; कभी कहती–बाथरूम में पाँव फिसल गया।'

'झूठ क्यों बोलती थीं आप?'

'सोचती थी–मेरे पति की इज़्ज़त जाएगी तो माथा तो मेरा ही नीचा होगा। बात बाहर निकेलगी तो बच्चों को भी ताने सुनने पड़ेंगे। उनके घर में आते ही हम सब सहमकर बैठ जाते थे।'

'इतने सालों बाद अब आपने किसी की मदद लेने की ज़रूरत क्यों महसूस की?'

'इसलिए कि अब मेरे शरीर में वह ताक़त नहीं रही। मैंने सारी उम्र सहा, पर अब सहा नहीं जाता।'

यह शिकायत होना स्वाभाविक है कि ये प्रताड़ित पत्नियाँ पिटती रहकर शहीद क्यों होती हैं? क्यों उस दिन का इंतज़ार करती हैं जब उनकी सहनशीलता जवाब दे जाए। जब उनकी हड्डियों में और पिटने का दम-खम न रहे, जब उनके जीने और मरने में कोई अंतर न रह जाए।

हमारे संस्थान में एक पैंसठ वर्ष की महिला असफल वैवाहिक जीवन के चालीस साल बिताने के बाद अलग होने का निर्णय लेकर आईं। बहुत स्वस्थ भी वह नहीं थीं।

'इस उम्र में अलग होकर क्या हासिल होगा?'

'मुझे नहीं लगता कि अब मैं एक-डेढ़ साल से ज़्यादा ज़िंदा रहूँगी। सारी ज़िंदगी तो मैंने-रो-धोकर काट दी। हर समय लगता था, सिर पर एक तलवार लटक रही है। अब ज़िंदगी के बचे-खुचे जो भी दो-चार छह महीने हैं, अपनी तरह से आज़ाद होकर जी लूँ। बचपन से ही मैंने आज़ादी का सुख नहीं भोगा। पहले माँ-बाप, फिर पति, फिर बच्चे-सभी रोब जताते रहे। अब बच्चे विदेश सेटल हो गए तो पति ने फिर लगाम थाम ली। जिस तरह कैंसर की लास्ट स्टेज वाले

'टर्मिनली इल' पेशेंट को 'शांति-अवेदना' में चंद घंटों या दिनों या महीनों की ख़ुशी के लिए लाया जाता है। बस, वैसे ही मैं अपने मरने से पहले की आज़ादी को भोगना चाहती हूँ।'

इस तरह का 'जीवन के अंतिम चरण का विद्रोह' या 'जिजीविषा' देखकर स्वाभाविक ही यह प्रश्न उठ खड़ा होता है कि अपनी ज़िंदगी के सबसे महत्त्वपूर्ण युवा दिन घरेलू जद्दोजहद में होम करते वक़्त क्या महिलाओं को अपने स्वतंत्र इकाई होने का अहसास क़तई परेशान नहीं करता? क्यों विवाह के बाद जवानी का पूरा समय वह एक आदर्श पत्नी और एक ममतामयी माँ बन पाने के संघर्ष में लगभग आँखें मूँदकर गवाँ देती है? फिर भी हासिल कुछ नहीं होता। अपनी ज़िंदगी के वे सुनहरे बीस-पच्चीस साल अपने असफल वैवाहिक जीवन में खपा देने के बाद यह देखती है कि 'इसमें बड़ी बात क्या है? यह तो उसका फ़र्ज़ था।' यह रवैया न सिर्फ़ पति, बल्कि बच्चों की अकृतज्ञता में भी साफ़ झलकता है।

अपने बच्चों का भविष्य बनाने और बचाने की कोशिश में अधिकांश औरतें अपनी एक पहचान (आइडेंटिटी) स्थापित करने के सारे दरवाज़े बंद कर चुकी होती हैं। जब तक शारीरिक हिंसा की शिकार औरत चेतती है, वह उम्र के उस पड़ाव पर पहुँच चुकी होती है, जहाँ वह नौकरी करने और आत्मनिर्भर होने के क़ाबिल नहीं रहती।

आमतौर पर घर में रहने वाली पत्नी या गृहस्थी सँभालने वाली घरेलू औरत ही कमाऊ पति की हिंसा का शिकार होती है। पर इसका अर्थ यह नहीं है कि कामकाजी पत्नी को उसके पति उसकी कड़ी मेहनत की कमाई के एवज में सर-आँखों पर बिठाकर रखते हैं। बाहर अपने दफ़्तर का वर्क-लोड उस पर जितना भी हो, घर पहुँचकर उसे वही रोल अदा करना पड़ेगा जो एक अशिक्षित या अर्द्धशिक्षित घरेलू महिला करेगी। रसोई का पूरा कार्य-क्षेत्र पत्नी के ज़िम्मे है, पति अगर अपने हाथ से एक कप चाय बनाकर पी भी लेता है तो देर-सबेर उस चाय को लेकर अपने तरकश में से एकाध व्यंग्य-बाण छोड़े बिना वह नहीं रहेगा। यहाँ आपसी कलह का कारण घर या बच्चे नहीं होंगे, बल्कि आपसी कैरियर होगा। पत्नी अगर काम में तरक़्क़ी कर रही है तो उसे पति शक की नज़र से देखता है, क्योंकि उसकी निगाह में पत्नी की तरक़्क़ी अपने बॉस को ख़ुश करने की उसकी काबिलियत पर टिकी होती है!

अधिकांश पढ़े-लिखे मध्य वर्ग के पुरुष भी पढ़ी-लिखी, समझदार पत्नी तो चाहते हैं, पर साथ ही यह भी कि वह बाहर काम न करे। घर पर रहकर अपने

बच्चों की पढ़ाई की पूरी ज़िम्मेदारी ले। पड़ोस के बच्चों की ट्यूशन कर ले या ज़्यादा से ज़्यादा स्कूल की अध्यापिका या कॉलेज की शिक्षिका बन जाए, ताकि घर से बाहर कम वक़्त देना पड़े और घर सुचारु रूप से चल सके। मध्यवर्गीय पति आमतौर पर घर की ज़िम्मेदारी में शरीक होने से कन्नी काटता है।

कामकाजी दंपती की समस्याएँ अधिक गहरी हैं। घर को सही रूप से चलाने में कितना योगदान पति का हो, कितना पत्नी का, इस पर मतभेद एक बड़ी समस्या में बदल सकता है। पति घर पहले पहुँच जाए और पत्नी तब तक न पहुँच पाए तो भी बवाल खड़ा होने की पूरी संभावना है। एक ही प्रोफेशन से जुड़े दंपती में तनाव का बढ़ते-बढ़ते शारीरिक हिंसा का रूप ले लेना और भी स्वाभाविक है।

अक्सर हिंसा के कारणों की खोज में पहला और मुख्य कारण यही देखा गया है कि पत्नी पर हाथ उठाना पुरुष के लिए अपनी कुंठा–चाहे वह किसी भी वजह से हो–हीन भावना तथा नाराज़गी के उबलते हुए लावे को बाहर निकालने का, एक सबसे आसान और सुविधाजनक 'आउटलेट' है। सुविधाजनक, क्योंकि वह जानता है, पत्नी प्रतिकार करेगी, पर पति की हिंसा का बखान नहीं करेगी। कई मामलों में देखा गया है कि रात की भीषण मार-पीट के बाद अगली सुबह पति निहायत बेचारा जीव बनकर पत्नी के पाँव पकड़कर माफ़ी माँग लेता है और शरीर पर वहशी पति के दिए हुए तमाम लाल-नीले निशान लेकर भी पत्नी फ़ौरन पसीज जाती है और उसे माफ़ कर देती है–यह समझे बग़ैर कि वह अनजाने ही कितनी बड़ी साज़िश और कभी न ख़त्म होने वाले रोमांचक खेल का शिकार होती जा रही है।

यह खेल बार-बार दोहराया जाता है। कभी-कभी तो यहाँ तक कि न सिर्फ़ पुरुष को इसमें 'सैडिस्टिक प्लेजर' मिलता है, बल्कि पत्नी भी इस हिंसा की अभ्यस्त हो जाती है। जब तक उसके अस्तित्व पर आँच न आए या उसके होने पर प्रश्नचिह्न न लगे, वह इसे बख़ूबी बर्दाश्त करने की आदत डाल लेती है। इसे सहने, अपने तक सहेजकर रखने और सहते चले जाने के कुछ ठोस कारण हैं–संस्कारगत मजबूरी इसका पहला कारण हो सकती है, पर उससे भी बड़ा कारण है, सामाजिक भय और आर्थिक निर्भरता से पैदा हुई असुरक्षा की भावना।

अक्सर मध्य वर्ग की औरतें यह दलील देती हैं–'हमें बर्दाश्त इसलिए करना पड़ता है क्योंकि उसके अलावा कोई चारा नहीं! अपना घर छोड़कर हम बाहर निकल जाएँ तो हमारे माँ-बाप, भाई-बहन ही सबसे पहले हमारे ख़िलाफ़ खड़े होंगे।

माँ अपना उदाहरण देकर इस बात की दुहाई देंगी कि उन्होंने ख़ुद भी ज़िंदगी में यही सब सहा या नहीं! थोड़ा-बहुत तो सबको सहना पड़ता है।'

अपनी ही माँ को बेटी का आवाज़ उठाना ग़लत लगता है। सभी चाहते हैं कि वह किसी भी क़ीमत पर 'एडजस्ट' करे या समझौता करे। बहुत कम औरतें ऐसी होती हैं जो बग़ैर माँ या भाई के सहारे के, अलग रहने का और स्थितियों से जूझने का क़दम उठाती हैं। सिर पर छत का जुगाड़ करना और आर्थिक रूप से आत्मनिर्भर होना अलग रहने की पहली शर्त है और यह बहुत आसान नहीं है। इसके लिए ज़रूरी है कि औरत सही समय पर निर्णय ले।

एक पढ़ी-लिखी औरत की तकलीफ़ यह भी होती है-'जब तक सिर्फ़ पत्नी बने रहो, कहीं कुछ नहीं बिगड़ता। घर सँभालो, बच्चों की देख-रेख करो-सब कुछ बहुत ठीक-ठाक चलता है, लेकिन जैसे ही अपनी कोई पहचान क़ायम करने की कोशिश करो, चीज़ें दूसरी ही शक्ल लेने लगती हैं।'

वह जानती है कि आज उसने जो समझ अपनी पहली पीढ़ी या अपनी माँ की घर में स्थिति को देखते हुए अर्जित की है, वह समझ उसके लिए ख़तरनाक साबित हो सकती है। किसी अर्द्धशिक्षित घरेलू औरत के लिए पति और घर की ज़रूरतों के मुताबिक़ अपने-आपको मोड़ लेना जितना आसान होता है, उतना उस समझदार औरत के लिए नहीं जो अपनी ज़ेहनी (दिमाग़ी) काबिलियत के बलबूते पर अपनी एक आइडेंटिटी बनाना चाहती है; इसलिए किसी भी समझदार औरत को एक साथ कई मोर्चे सँभालने पड़ते हैं।

कामकाजी औरतों के पास एक विकल्प हो सकता है पर वहाँ आर्थिक नहीं, सामाजिक असुरक्षा की भावना पहले घेरती है। किसी अन्य पुरुष हमदर्द को लेकर पहला संशय यह घेर लेता है कि वह पुरुष भी पति होने के बाद, पहले पति जैसा सुलूक नहीं करेगा-इसकी क्या गारंटी है? एक औरत के लिए कई तरह के डर और सीमाएँ हैं, जिनका फ़ायदा औसत पति बख़ूबी उठाना जानता है। यह अच्छी तरह जानने-समझने के बाद ही कि उसकी पत्नी के लिए 'और कोई रास्ता नहीं है,' वह आश्वस्त भाव से मनमानी यंत्रणा (टॉर्चर) का दुश्चक्र जारी रखता है।

घरेलू हिंसा का एक बेहद सूक्ष्म प्रकार है जिसे 'मानसिक प्रताड़ना' कहा जा सकता है। पुरुष/पति पाँच-सात वर्ष साथ रहने के बाद यह सूँघ लेता है कि वह किस 'जाति' या 'क़िस्म' की औरत के साथ है। वह जानता है कि अपनी पत्नी को सज़ा देने का सबसे बेहतरीन तरीक़ा या नुस्ख़ा क्या है। उसे कितने नुकीले या कितने भोथरे औज़ार किस तरह से इस्तेमाल करने हैं। वह जानता है कि पत्नी पर

शारीरिक बल का इस्तेमाल कर या उसे चाँटा मारकर वह उतनी तकलीफ़ नहीं पहुँचा सकता, जितनी उसकी उपेक्षा या अवहेलना करके। वह अपनी संभ्रांतता का मुखौटा 'इनटैक्ट' रखकर एक साधुनुमा तटस्थता अपना लेता है। वह अपने ही घर में इस तरह रहता है जैसे उस घर में बच्चे हैं, नौकर हैं, आने-जाने वाले मेहमान हैं, नहीं है तो सिर्फ़ उसकी पत्नी। पत्नी की 'उपस्थिति' या उसके 'अस्तित्व' को पूरी तरह योजनाबद्ध तरीक़े से नकारते हुए वह अपनी पत्नी को अवहेलना के धीमे ज़हर से ख़त्म करना चाहता है। 'संवादहीनता' की स्थिति से पैदा हुई इस 'स्लो डेथ' को जब तक पत्नी पहचानने की कोशिश करती है, वह भीतर से पूरी तरह टूट चुकी होती है। बहरहाल, यह एक हद तक आकारहीन स्थिति लग सकती है और इसे वे ही औरतें सही तरीक़े से समझ सकती हैं जिन्होंने इस 'धीमी मौत' को अपने भीतर घटते हुए देखा है, पहचाना है।

यह जानना आश्चर्यजनक है कि न सिर्फ़ भारत में, बल्कि विश्व के सभी देशों में—थोड़े-बहुत संस्कारगत अंतर के बावजूद—औरत की स्थिति कमोबेश यही है। कामकाजी औरतों को भी इस स्थिति को समझने-परखने, उसका सही जायज़ा लेने और अपने को 'एसर्ट' करने या अपने हक़ का दावा करने में थोड़ा वक़्त लगता है। आख़िर एक औरत को सिर्फ़ पत्नी और एक माँ बनकर ही सारी उम्र नहीं रहना है, उसे एक 'व्यक्ति' के रूप में भी अगर अपनी उपस्थिति दर्ज करनी है और इसकी सुविधाएँ उसे नहीं हैं तो उसे अपनी रणनीति तो तय करनी ही होगी।

हिंसा के लिए उठे हुए हाथ को रोकना—यह अस्मिता की रक्षा की पहली शर्त है। बहुत कम औरतें ऐसी होंगी जो पहली बार ही पति के उठे हुए हाथ को रोक दें। जब पति का हाथ मारने के लिए उठता है तो वह प्राय: एक ढीला-सा प्रतिकार करती है। यह प्रकारांतर से उसे और बढ़ावा देना है। वह पति की इस हरकत को शराब का नशा या पति की दफ़्तरी कुंठा या किसी नामालूम-सी असफलता की वजह मानकर, और उसे जस्टीफाई कर, आने वाली पूरी ज़िंदगी के लिए अपने-आपको एक जल्लाद के हाथों सौंप देती है।

जबकि वस्तुत: उसे यह समझना चाहिए कि भले ही इसके मूल में कोई दफ़्तरी परेशानी या असफलता है, पर इसके लिए चूँकि स्थितियाँ ज़िम्मेदार हैं, पत्नी नहीं, इसलिए उससे उपजे परिणाम या कुंठा या हिंसक तोड़-फोड़ की शिकार वह क्यों हो ? वह घर का बेजान फर्नीचर या रेडियो-टीवी तो है नहीं कि पति जब चाहे स्विच ऑन/ऑफ़ कर दे।

औरत के लिए आत्मविश्वास बहुत ज़रूरी है। उसे यह मालूम होना चाहिए कि वह यदि शारीरिक हिंसा का शिकार होती है तो इनकी ज़िम्मेदारी वह नहीं है।

पुरुष अपनी सफाई में कारणों का पूरा बही-खाता खोलकर रख सकता है कि उसकी पत्नी में फलाँ-फलाँ कमियाँ हैं। आँखें मूँदकर उसे स्वीकार करने या हीन भावना का शिकार होने की बजाय औरत को स्वयं आत्मविश्लेषण करना चाहिए या किसी मनोविश्लेषक की मदद लेनी चाहिए।

आत्मविश्वास के लिए सबसे ज़रूरी शर्त है—आर्थिक आत्मनिर्भरता। किसी भी महानगर में रहने वाली मध्य वर्ग की एक पढ़ी-लिखी ज़हीन औरत भी अगर नौकरी न कर सिर्फ़ 'हाउसवाइफ' या गृहिणी बनकर रहना स्वीकार करती है तो वह जानबूझकर अपने पाँव पर कुल्हाड़ी मारती है, क्योंकि औसतन बहुत कम पति ऐसे होंगे जो एक 'फुल—टाइम हाउसवाइफ' को उसकी अपेक्षित इज़्ज़त का हक़ दे पाएँ। मध्य वर्ग की औरत के लिए अपने समाज और पति की नज़रों में ऊपर उठने और इज़्ज़त पाने की पहली सीढ़ी है—आर्थिक रूप से अपने पैरों पर खड़े होना। इसके बाद ही वह अपनी शर्तों पर ज़िंदा रहने की बात सोच सकती है।

कई बार सिर्फ़ धमकी कारगर सिद्ध नहीं होती। अक्सर पत्नी हर बार पारिवारिक कलह होने पर घर छोड़कर चले जाने की बात दोहराती है। कुछ दिनों के बाद पति यह अच्छी तरह समझ लेता है कि पत्नी का यह कहना सिर्फ़ गीदड़-धमकी है और उसकी पत्नी के पास कोई विकल्प नहीं है। यह जानकारी उसकी क्रूरता में पलीते का काम करती है।

पति-पत्नी के बीच शारीरिक हिंसा के सबसे मासूम शिकार बच्चे होते हैं। बचपन से ही वे दहशतज़दा माहौल में बड़े होते हैं जो किसी भी रूप में बच्चे के मानसिक विकास और फैलाव के लिए हानिकारक सिद्ध होता है, इसलिए अधिकांश औरतें यदि पति की प्रताड़ना को इसलिए सहती हैं कि बच्चों पर एक अदद नामधारी बाप का साया बना रहे तो वे ग़लत सोचती हैं। असामान्य कलहपूर्ण वातावरण में बच्चों के स्वाभाविक विकास को ऐसी स्थायी क्षति पहुँचती है जो बाद में बच्चों को बुरे व्यसनों, ड्रग्स या असुरक्षा की गहरी बीमार मानसिकता में ढकेल देती है।

हिंसक पति को उसकी आदतों या बुरी लत से बाहर निकालना एक घुमावदार चक्र में से बड़ी चतुराई के साथ रास्ता ढूँढ़ने जैसा है। इसके लिए ज़रूरी है कि पत्नी अपने मन में निराशा, हीन भावना या हताशा को स्थान न ज़माने दे। कोई भी ग़लत तात्कालिक निर्णय लेने से पहले पत्नी को 'सहज संगति' (हारमनी) बिठाने की कोशिश करनी चाहिए। हर समस्या का कोई तयशुदा हल नहीं हो सकता। अलग-अलग स्वभाव और समस्या की गंभीरता के अनुरूप हल तक पहुँचने का तरीक़ा

कुछ भी हो, पर औरत का अपनी निजी निराशा से उबरना अत्यंत आवश्यक है, ताकि वह बच्चों को इस हिंसक आँच की झुलसन से बचा सके।

डॉ.जॉन ग्रे की पुस्तक—'मेन आर फ्रॉम मार्स, वूमेन आर फ्रॉम वीनस' में डॉ. जॉन ग्रे ने अपने व्यक्तिगत अनुभवों-प्रसंगों का उल्लेख करते हुए एक अच्छे दांपत्य जीवन को सुचारु रूप से चलाने के कई कारगर तरीक़ों का उल्लेख किया है। आश्चर्य होता है कि अमेरिका या यूरोप या किसी भी देश की दांपत्य से संबद्ध समस्याओं में कितनी समानता है।

आज वैश्विक स्तर पर जिस तरह परिवारों का विघटन हो रहा है, अमेरिका में आठ-नौ साल के बच्चे आत्महत्या जैसा क़दम उठाते हैं, इसे देखते हुए आज भी लगता है कि भारत में बड़े महानगरों के सारे तनावों के बावजूद, कोई हल निकालने की संभावना से इंकार नहीं किया जा सकता।

मेरी सबसे बड़ी शिकायत स्कूलों और कॉलेजों की अव्यावहारिक शिक्षा-पद्धति से है। हमारे शिक्षा-संस्थानों में भारी-भरकम किताबों से लदे-फँदे सिलेबस में जीवन-शिक्षा या प्रैक्टिकल ट्रेनिंग के लिए कोई स्थान नहीं है। छात्रों को हम रसायन, भौतिकी, भूगोल, इतिहास, राजनीति, अर्थशास्त्र, भाषाविज्ञान तथा साहित्य में शेक्सपियर से लेकर महादेवी वर्मा की भावभीनी कविताओं तक हर क़िस्म का ज्ञान देने की यथासंभव कोशिश करते हैं। कॉन्वेंट स्कूलों में मॉरल साइंस या धर्म-आचार विज्ञान के लिए जगह बनाई गई है। स्कूलों में टूटे हुए घरों या एकल अभिभावक के असामान्य बच्चों के लिए प्रशिक्षित सलाहकार (ट्रेंड काउंसिलर) की व्यवस्था की गई है। लेकिन 'प्रिकॉशन इज बेटर दैन क्योर' के सिद्धांत के मद्देनज़र हमें चाहिए कि कॉलेज के स्तर पर जिस तरह हम अपनी छात्राओं को पाठ्यक्रम की पुस्तकों द्वारा एम.ए. और पी.एच-डी. की डिग्रियों के क़ाबिल बनाते हैं, वैसे ही उन्हें अपने अधिकारों के प्रति जागरूकता और अपनी अस्मिता की लड़ाई की भी शिक्षा दें।

यह बहुत आवश्यक है कि हम युवा लड़कियों को जीवन-शास्त्र या आत्म-सम्मान की व्यावहारिक शिक्षा और संस्कार दें। उन्हें अपनी एक पहचान देने की कोशिश करें। उन्हें बताएँ कि वे दहलीज़ पर पड़े हुए जूतों की जोड़ी नहीं हैं, जिसे पुरुष जब चाहे पैरों में सजाकर बाहर चल दे और जब चाहे घर के किसी धूल-अँटे कोने में पटक दे। जिस तरह के संस्कार हमारी, मध्य वर्ग की, युवा लड़कियों को अपने दकियानूसी घर-परिवारों से लगातार मिलते रहे हैं, जिस तरह की सहनशीलता का घोल उन्हें जन्मघुट्टी में घोलकर पिलाया जाता है, उसे पूरी तरह स्थगित करते हुए, अपनी अगली पीढ़ी को आत्मसम्मान के साथ जीने और सिर उठाकर चलने के क़ाबिल बनाएँ।

अंत में एक छोटा-सा उदाहरण प्रस्तुत है—

वैज्ञानिक कीड़े-मकोड़ों और पशु-पक्षियों पर कुछ प्रयोग करते हैं। एक वैज्ञानिक ने दो मेढक लिये। एक मेढक को उसने काफ़ी गरम पानी में छोड़ा, पानी के उस गरम तापमान को झेल पाने में असमर्थ वह फ़ौरन कूदकर बाहर आ गया। अब उसने दूसरे मेढक को ठंडे पानी में डाला, मेढक उसमें आराम से तैरता-कूदता रहा, उसने बाहर छलाँग नहीं लगाई। वैज्ञानिक ने धीरे-धीरे पानी का तापमान बढ़ाया और उसे धीरे-धीरे बढ़ाते हुए बहुत गरम कर दिया। मेढक उस गरम होते तापमान का धीरे-धीरे अभ्यस्त हो गया। और जब उसका शरीर तापमान नहीं झेल पाया तो वह मर गया।

औरतों के साथ यही हुआ है। सदियों से उनका अनुकूलन किया गया है। वह हर तरह के तापमान की इस क़दर अभ्यस्त हो जाती हैं कि एक नए घर के नए माहौल में नए लोगों के बीच धीरे-धीरे बढ़ते तापमान के साथ तालमेल बिठाना सीख जाती हैं और यह तालमेल अंततः उनकी मर्यादित शोभायात्रा में उनकी माँग में सिंदूर के रूप में उनकी सजी हुई अर्थी में दीखता है।

लेकिन आज समय ने करवट बदली है। सभी औरतें मरतीं नहीं। वे देर से ही सही, पर बढ़ते हुए तापमान को पहचानना सीख गई हैं। ख़तरे की आहट को सुन रही हैं। अपने ज़िंदा होने के मूल्य को समझ पा रही हैं। मानसिक यातना और बारीक़ हिंसा को पहचानकर उन पर सवाल खड़े करती हैं और बाहर आने का हौसला भी दिखाती हैं। अपनी खोई हुई अस्मिता और मानवीय पहचान को दोबारा सँवारती हैं।

इस तरह वे अपना जीवन सँवारने वाली औरतों के कारवाँ में शामिल होती हैं। और यह कारवाँ दिन-पर-दिन बढ़ता जाएगा, इसमें संदेह नहीं।

स्त्री—सशक्तीकरण धीरे-धीरे बढ़ते हुए इस असहनीय तापमान से स्त्री का मोहभंग करने, उसे जागरूक बनाने और उसे एक पहचान देने की प्रक्रिया का नाम है।

कहानी

अन्नपूर्णा मंडल की आख़िरी चिट्ठी

प्यारी माँ और बाबा,
चरण-स्पर्श!

मुझे मालूम है बाबा, लिफ़ाफ़े पर मेरी हस्तलिपि देखकर लिफ़ाफ़े को खोलते हुए तुम्हारे हाथ काँप गए होंगे। तुम बहुत एहतियात के साथ लिफ़ाफ़ा खोलोगे कि भीतर रखा हुआ मेरा ख़त फट न जाए।

सोचते होगे कि एक साल बाद आख़िर मैं तुम लोगों को ख़त क्यों लिखने बैठी? कभी तुम अपने डाकघर से, कभी बाबला या बउदी अपने ऑफ़िस से फ़ोन कर ही लेते हैं, फिर ख़त लिखने की क्या ज़रूरत। नहीं, डरो मत, ऐसा कुछ भी नया घटित नहीं हुआ है। कुछ नया हो भी क्या सकता है?

बस, हुआ इतना कि पिछले एक सप्ताह से मैं अपने को बार-बार तुम लोगों को ख़त लिखने से रोकती रही। क्यों? बताती हूँ। तुम्हें पता है न बंबई में बरसात का मौसम शुरू हो गया है। मैं तो मना रही थी कि बरसात जितनी टल सके, टल जाए, लेकिन वह समय से पहले ही आ धमकी। और मुझे जिसका डर था, वही हुआ। इस बार बरसात में पार्क की गीली मिट्टी सनी सड़क से उठकर उन्हीं लाल केंचुओं की फ़ौज घर के भीतर चली आई है। रसोई में जाओ तो मोरी के कोनों से ये केंचुए मुँह उचका-उचकाकर झाँकते हैं, नहाने जाओ तो बाल्टी के नीचे कोनों पर वे बेख़ौफ़ चिपके रहते हैं। कभी-कभी पैरों के नीचे अचानक कुछ पिलपिला-सा महसूस होता है और मैं डर जाती हूँ कि कहीं मेरे पाँव के नीचे आकर कोई केंचुआ मर तो नहीं गया?

इस बार मुझे बाँकुड़ा का वह अपना (देखो, अब भी वही घर अपना लगता है) घर बहुत याद आया। बस, ये यादें ही तुम्हारे साथ बाँटना चाहती थी। पता नहीं तुम्हें याद है या नहीं, पता नहीं बाबला को भी याद होगा या नहीं, हम

कितनी बेसब्री से बरसात के आने का इंतज़ार करते थे। मौसम की पहली बरसात देखकर हम कैसे उछलते-कूदते, माँ को बारिश के आने की ख़बर देते, जैसे पानी की बूँदें सिर्फ़ हमें ही दिखाई देती हैं और किसी को नहीं। पत्तों पर टप-टप-टप बूँदों की आवाज़ और उसके साथ हवा में गमकती फैलती मिट्टी की महक हमें पागल कर देती थी। हम अख़बार को काट-काटकर काग़ज़ की नावें बनाते और उन्हें तालाब में छोड़ते। माँ झींखती रहती और हम सारा दिन पोखर के पास और आँगन के बाहर हाथ में नमक की पोटली लिये बरसाती केंचुओं को ढूँढ़ते रहते थे। वे इधर-उधर बिलबिलाते-से हमसे छिपते फिरते थे और हम उन्हें ढूँढ़-ढूँढ़कर मारते थे। नमक डालने पर उनका लाल रंग कैसे बदलता था, केंचुएँ हिलते थे और उनका शरीर सिकुड़कर रस्सी हो जाता था। बाबला और मुझमें होड़ लगती थी कि किसने कितने ज़्यादा केंचुओं को मारा। बाबला तो एक-एक केंचुए पर मुट्ठी भर-भरकर नमक डाल देता था।

माँ, तुम्हें याद है, तुम कितना चिल्लाती थीं बाबला पर-'इतना नमक डालने की क्या ज़रूरत है रे खोका?' पर फिर हर बार जीतता भी तो बाबला ही था-उसके मारे हुए केंचुओं की संख्या ज़्यादा होती थी। बाबा, तुम डाकघर से लौटते तो पूछते-'तुम दोनों हत्यारों ने आज कितनों की हत्या की?' फिर मुझे अपने पास बिठाकर प्यार से समझाते-'बाबला की नक़ल क्यों करती है रे! तू तो माँ अन्नपूर्णा है, देवीस्वरूपा, तुझे क्या जीव-जंतुओं की हत्या करना शोभा देता है! भगवान पाप देगा रे!' आज मुझे लगता है बाबा, तुम ठीक कहते थे। हत्या चाहे मनुष्य की हो या जीव-जंतु की, हत्या तो हत्या है।

तो क्या बाबा, उस पाप की सजा यह है कि बाँकुड़ा के बाँसपुकुर से चलकर इतनी दूर बंबई के अँधेरी इलाके के महाकाली कैव्स रोड के फ्लैट में आने के बाद भी वे सब केंचुए मुझे घेर-घेरकर डराते हैं, जिन्हें पुकुर के आसपास नमक छिड़क-छिड़ककर मैंने मार डाला था।

यह मेरी शादी के बाद की पाँचवीं बरसात है। बरसात के ठीक पहले ही तुमने मेरी शादी की थी। जब बाँकुड़ा से बंबई के लिए मैं रवाना हुई, तुम सबकी नम आँखों में कैसे दीये टिमटिमा रहे थे। जैसे तुम्हारी बेटी न जाने कौन से परीलोक जा रही है, जहाँ दिव्य अप्सराएँ उसके स्वागत में फूलों के थाल हाथों में लिये खड़ी होंगी। यह परीलोक, जो तुम्हारा देखा हुआ नहीं था, पर तुम्हारी बेटी के सुंदर रूप के चलते उसकी झोली में आ गिरा था, वरना क्या अन्नपूर्णा और क्या उसके डाकिया बापू शिबू मंडल की औकात थी कि उन्हें रेलवे की स्थायी नौकरीवाला सुदर्शन वर मिलता! तुम दोनों तो अपने जमाई राजा को देख-देखकर ऐसे फूले नहीं समाते थे, कि मुझे बी.ए. की सालाना परीक्षा में

भी बैठने नहीं दिया और दूसरे दर्जे की आरक्षित डोली में बिठाकर विदा कर दिया।

जब मैं इस परीलोक के द्वार दादर स्टेशन पर उतरी तो लगा जैसे तालाब में तैरना भूल गई हूँ। इतने आदमी तो मैंने अपने पूरे गाँव में नहीं देखे थे। यहाँ स्टेशन के पुल की भीड़ के हुजूम के साथ सीढ़ियाँ उतरते हुए लगा जैसे पेड़ के सूखे पत्तों की तरह हम सब हवा की एक दिशा में झर रहे हैं। देहाती-सी लाल साड़ी में, तुम्हारे जीवन-भर की जमा-पूँजी के गहने और कपड़ों का बक्सा लिये, जब अँधेरी की ट्रेन में इनके साथ बैठी तो साथ बैठे लोग मुझे ऐसे घूर रहे थे जैसे मैं और बाबला कभी-कभार कलकता के चिड़ियाघर में वनमानुष को घूरते थे और जब महाकाली केव्स रोड के घर का ज़ंग खाया ताला खुला तो जानते हो, सबसे पहले दहलीज़ पर मेरा स्वागत किसने किया था–दहलीज़ की फाँकों में सिमटे-सरकते, गरदन उचकाते लाल-लाल केंचुओं ने। उस दिन मैं बहुत ख़ुश थी। मुझे लगा, मेरा बाँकुड़ा मेरे आँचल से बँधा-बँधा मेरे साथ-साथ चला आया है। मैं मुस्कुराई थी। पर मेरे पति तो उन्हें देखते ही ख़ूँख़ार हो उठे। उन्होंने चप्पल उठाई और चटाख-चटाख सबको रौंद डाला। एक-एक वार में उन्होंने सबका काम तमाम कर डाला था। तब मेरे मन में पहली बार इन केंचुओं के लिए माया-ममता उभर आई थी। उन्हें इस तरह कुचले जाते हुए देखना मेरे लिए बहुत यातनादायक था।

दस दिन हमें एकांत देकर आख़िर इनकी माँ और बहन भी अपने घर लौट आई थीं। अब हम रसोई में परदा डालकर सोने लगे थे। रसोई की मोरी को लाख बंद करो, ये केंचुए आना बंद नहीं करते थे। पति अक्सर अपनी रेलवे की ड्यूटी पर सफ़र में होते और मैं रसोई में। और रसोई में बेशुमार केंचुए थे। मुझे लगता था, मैंने अपनी माँ की जगह ले ली है, और मुझे सारा जीवन रसोई की इन दीवारों के बीच इन केंचुओं के साथ गुज़ारना है। एक दिन एक केंचुआ मेरी निगाह बचाकर रसोई से बाहर चला गया और सास ने उसे देख लिया। उनकी आँखें ग़ुस्से से लाल हो गईं। उन्होंने चाय के खौलते हुए पानी की केतली उठाई और रसोई में बिलबिलाते सब केंचुओं पर गालियाँ बरसाते हुए उबलता पानी डाल दिया। सच मानो बाबा, मेरे पूरे शरीर पर जैसे फफोले पड़ गए थे। जैसे खौलता हुआ पानी उन पर नहीं, मुझ पर डाला गया हो। वे सब फ़ौरन मर गए, एक भी नहीं बचा। लेकिन मैं ज़िंदा रही। मुझे तब समझ में आया कि मुझे अब बाँकुड़ा के बिना ज़िंदा रहना है। पर ऐसा क्यों हुआ बाबा कि मुझे केंचुओं से डर लगने लगा। अब वे जब भी आते, मैं उन्हें वापस मोरी में धकेलती, पर मारती नहीं। उन दिनों मैंने यह सब तुम्हें ख़त में लिखा तो था, पर तुम्हें मेरे ख़त कभी मिले ही नहीं। हो सकता है, यह भी

न मिले। या मिल भी जाए तो तुम कहो कि नहीं मिला। फ़ोन पर मैंने पूछा भी था– 'चिट्ठी मिली?' तुमने अविश्वास से पूछा–'पोस्ट तो की थी या–।' मैं हँस दी थी–'अपने पास रखने के लिए थोड़े ही लिखी थी।' तुमने आगे कुछ नहीं कहा और बात ख़त्म।

फ़ोन पर इतनी बातें करना संभव कहाँ है। फ़ोन के तारों पर मेरी आवाज़ जैसे ही तुम तक तैरती हुई पहुँचती है, तुम्हें लगता है, सब ठीक है। जैसे मेरा ज़िंदा होना ही मेरे ठीक रहने की निशानी है। और फ़ोन पर तुम्हारी आवाज़ सुनकर मैं परेशान हो जाती हूँ, क्योंकि फ़ोन पर मैं तुम्हें बता नहीं सकती कि तुम जिस आवाज़ को मेरी आवाज़ समझ रहे हो, वह मेरी नहीं है। तुम फ़ोन पर मेरा कुशल–क्षेम ही सुनना चाहते हो और मैं तुम्हें केंचुओं के बारे में कैसे बता सकती हूँ? तुम्हारी आवाज़ से मैं चाहकर भी तो लिपट नहीं सकती। मुझे तब सत्रह सौ किलोमीटर की दूरी बुरी तरह खलने लगती है।

इतनी लंबी दूरी को पार कर डेढ़ साल पहले जब मैं वहाँ बाँकुड़ा पहुँची थी, मुझे लगा था, मैं किसी अजनबी गाँव में आ गई हूँ जो मेरा नहीं है। मुझे वापस जाना ही है, यह सोचकर मैं अपने आने को भी भोग नहीं पाई। मैंने शिथिल होकर ख़बर दी थी, कि मुझे तीसरा महीना चढ़ा है। मैं आगे कुछ कह पाती कि तुम सब में ख़ुशी की लहर दौड़ गई थी। माँ ने मुझे गले लगा लिया था, बउदी ने माथा चूम लिया था। मैं रोई थी, चीख़ी थी, मैंने मिन्नतें की थीं कि मुझे यह बच्चा नहीं चाहिए, कि उस घर में बच्चे की किलकारियाँ सिसकियों में बदल जाएँगी, पर तुम सब पर कोई असर नहीं हुआ। तुम चारों मुझे घेरकर खड़े हो गए–भला पहला बच्चा भी कोई गिराता है, पहले बच्चे को गिराने से फिर गर्भ ठहरता ही नहीं, माँ बनने में ही नारी की पूर्णता है, माँ बनने के बाद सब ठीक हो जाता है, औरत को जीने का अर्थ मिल जाता है। माँ, तुम अपनी तरह मुझे भी पूर्ण होते हुए देखना चाहती थीं। मैंने तुम्हारी बात मान ली और तुम सबके सपनों को पेट में सँजोकर वापस लौट आई।

वापस। उसी महाकाली की गुफाओं वाले फ्लैट में। उन्हीं केंचुओं के पास। बस, फ़र्क़ यह था कि अब वे बाहर फ़र्श से हटकर मेरे शरीर के भीतर रेंग रहे थे। नौ महीने मैं अपने पेट में एक दहशत को आकार लेते हुए महसूस करती रही। पाँचवें महीने मेरे पेट में जब उस आकार ने हिलना–डुलना शुरू किया, मैं डर से काँपने लगी थी। मुझे लगा, मेरे पेट में वही बरसाती केंचुए रेंग रहे हैं, सरक रहे हैं। आख़िर वह घड़ी भी आई, जब उन्हें मेरे शरीर से बाहर आना था। और सच माँ, जब लंबी बेहोशी के बाद मैंने आँखें खोलकर अपनी बग़ल में सिलवटों वाली चमड़ी लिये अपनी जुड़वाँ बेटियों को देखा, मैं सकते में आ गई। उनकी शक्ल

वैसी ही गिजगिजी लाल केंचुओं जैसी झुर्रीदार थी। मैंने तुमसे कहा भी था–देखो तो माँ, ये दोनों कितनी बदशक्ल हैं, पतले–पतले ढीले–ढाले हाथ–पैर और साँवली–मरगिल्ली–सी। तुमने कहा था–बड़ी बोकी है रे तू, कैसी बातें करती है, ये तो साक्षात् लक्ष्मी–सरस्वती एक साथ आई हैं तेरे घर। तुम सबने कलकत्ता जाकर अपनी बेटी और जमाई बाबू के लिए कितनी ख़रीदारी की थी, बउदी ने ख़ास सोने का सेट भिजवाया था। सब दान–दहेज़ समेटकर तुम यहाँ आई और चालीस दिन मेरी, इन दोनों की और मेरे ससुरालवालों की सेवा–टहल करके लौट गईं। इन लक्ष्मी–सरस्वती के साथ मुझे बाँधकर तुम तो बाँकुड़ा के बाँसपुकुर लौट गई ; मुझे बार–बार यही सुनना पड़ा–एक कपालकुंडला को अस्पताल भेजा था, दो को और साथ ले आई।

बाबा, कभी मन होता था, इन दोनों को बाँधकर तुम्हारे पास पार्सल से भिजवा दूँ कि मुझसे ये नहीं सँभलतीं, अपनी ये लक्ष्मी–सरस्वती–सी नातिनें तुम्हें ही मुबारक हों, पर हर बार इनकी बिटर–बिटर–सी ताकती हुई आँखें मुझे रोक लेती थीं।

माँ, मुझे बार–बार ऐसा क्यों लगता है कि मैं तुम्हारी तरह एक अच्छी माँ कभी नहीं बन पाऊँगी, जो जीवन–भर रसोई की चहारदीवारी में बाबला और मेरे लिए पकवान बनाती रही और फालिज की मारी ठाकुर माँ की चादरें धोती–समेटती रही। तुम्हारी नातिनों की आँखें मुझसे वह माँगती हैं, जो मुझे लगता है, मैं कभी उन्हें दे नहीं पाऊँगी।

इन पाँच–सात महीनों में कब दिन चढ़ता, कब रात ढल जाती, मुझे तो पता भी नहीं चला। इस बार की बरसात ने आकर मेरी आँखों पर छाये सारे परदे गिरा दिए हैं। ये दोनों घिसटना सीख गई हैं। सारा दिन कीचड़–मिट्टी में सनी केंचुओं से खेलती रहती हैं। जब ये घुटनों घिसटती हैं, मुझे केंचुए रेंगते दिखाई देते हैं और जब बाहर सड़क पर मैदान के पास की गीली मिट्टी में केंचुओं को सरकते देखती हूँ तो उनमें इन दोनों की शक्ल दिखाई देती है। मुझे डर लगता है, कहीं मेरे पति घर में घुसते ही इन सब पर चप्पलों की चटाख–चटाख बौछार न कर दें या मेरी सास इन पर केतली का खौलता हुआ पानी न डाल दें। मैं जानती हूँ, यह मेरा वहम है पर यह लाइलाज है और मैं अब इस वहम का बोझ नहीं उठा सकती।

इन दोनों को अपने पास ले जा सको तो ले जाना। बाबला और बउदी शायद इन्हें अपना लें। बस, इतना चाहती हूँ कि बड़ी होने पर ये दोनों अगर आसमान को छूना चाहें तो यह जानते हुए भी कि वे आसमान को कभी छू नहीं पाएँगी, इन्हें रोकना मत।

इन दोनों के रूप में तुम्हारी बेटी तुम्हें सूद सहित वापस लौटा रही हूँ, इनमें तुम मुझे देख पाओगे शायद।

बाबा, तुम कहते थे न–आत्माएँ कभी नहीं मरतीं। इस विराट् व्योम में, शून्य में, वे तैरती रहती हैं–परम शांत होकर। मैं उस शांति को छू लेना चाहती हूँ। मैं थक गई हूँ बाबा। हर शरीर के थकने की अपनी सीमा होती है। मैं जल्दी थक गई, इसमें दोष तो मेरा ही है। तुम दोनों मुझे माफ़ कर सको तो कर देना।

इति।

तुम्हारी आज्ञाकारिणी बेटी,
अन्नपूर्णा मंडल

आर्थिक आत्मनिर्भरता घरेलू हिंसा से निबटने की पहली शर्त है

12 मार्च, 2007 को भोपाल के भारत भवन में एक कार्यक्रम का आयोजन हुआ था—स्वयंसिद्धा—जिसमें कई भारतीय भाषाओं की कवयित्रियाँ थीं। ओड़िया भाषा की युवा कवयित्री सुचेता मिश्र ने अपनी एक बेहद मार्मिक कविता का अंग्रेज़ी रूपांतर सुनाया था, जिसका अनुवाद वहीं मैंने हिंदी में कर लिया। वह कविता है—

हर साल जितने पेड़ कटते हैं,
उससे ज़्यादा कटती हैं औरतें।

वह एक पेड़ थी
एक पेड़ को पहचानने के लिए
ख़ुद को पेड़ बनना पड़ता है
उसकी खरखराहट को छूने के लिए
अपनी छाया का सहारा लेना पड़ता है।
पहली बार जब मैं उससे मिली
उसने मुझे कसकर पकड़ा और ख़ूब रोई
उसने मुझे बताया
कि उन्होंने उसे जड़ से उखाड़कर
अपने आँगन में रोपा
ताकि वह छाया और सुरक्षा दे सके
दूसरी बार जब मैं उससे मिली
वह मेरे कंधे से लगकर
एक बार फिर रोयी
वह रोयी, सिसकी और उसने कहा

'मैंने सब कुछ देने की कोशिश की
छाया, सुरक्षा, प्रेम, ख़ुशबू
पर उन्हें कुछ और चाहिए था
उन्होंने मेरे पत्ते गिने
और उन्हें पैसे से तोला
फिर और पैसे की माँग की
उससे भी ज़्यादा जितने मेरे पास पत्ते थे'
तीसरी बार जब मैं उससे मिलने गई
वह जा चुकी थी वह नहीं थी
उसे काट डाला गया था और
उसे अलाव में जला डाला था
जिसमें उन्होंने अपने गीले हाथ सेंके और सुखाए
उनके हाथों पर ख़ून का, क़त्ल का
एक भी निशान नहीं था
हर साल जितने पेड़ कटते हैं,
उससे ज़्यादा कटती हैं औरतें।
सभी कटी हुई औरतें अलाव में इस्तेमाल नहीं होतीं
कुछ को बना दिया जाता है बैसाखियाँ
वरना यह विकलांग अपंग समाज
बिना किसी सहारे कैसे खड़ा होता।

—सुचेता मिश्र

घरेलू हिंसा के आँकड़ों में नहीं जाना चाहती पर यह सच है कि दहेज़ के नाम पर या पति की अपनी किसी कुंठा के तहत औरतें तरह-तरह की यातना का शिकार होती हैं। इसके परिणाम में अगर औरत को अस्पताल भी ले जाना पड़े तो वह बहाने बना देती हैं कि बाथरूम में फिसलकर गिर पड़ी या नहाकर उठते समय नल से सिर टकरा गया। यहाँ तक कि मिट्टी का तेल छिड़ककर अपने को आग लगा लेने या जला दिए जाने से अस्सी-नब्बे प्रतिशत जली हुई औरतें, दम तोड़ते हुए भी अपनी आँखों के सामने अपनी बेटी या बेटे को देखकर हत्यारे पति को बचाने के लिए स्टोव के फटने की कहानी गढ़कर सच्चाई को सामने नहीं आने देना चाहतीं ताकि बच्चे के सिर पर पिता का साया बना रहे।

हिंसा का स्तर अगर हत्या तक नहीं भी पहुँचता तो भी लड़कियाँ झेलने और समझौता कर घर गृहस्थी चलाने की ताक़त रहने तक अपने घर-परिवार के लोगों को अपनी

तकलीफ़ की ख़बर नहीं लगने देतीं। उन्हें लगता है, माँ-बाप ने शादी कर अपनी ज़िम्मेदारी निभा दी, अब आगे की ज़िंदगी का दारोमदार सिर्फ़ उनपर है जिसे उन्हें अपने दम पर निभाना है। किसी भी शहर में, महानगर में, क़स्बे में ऐसी घटनाओं की कमी नहीं है।

'अन्नपूर्णा मंडल की आख़िरी चिट्ठी' इसी मानसिकता को लेकर लिखी हुई कहानी है। यह कहानी मैंने पचीसों बार कथा गोष्ठियों में, महिला संगठनों की बैठकों में पढ़कर सुनाई है। हर बार यह सवाल उठाया जाता है कि यह कहानी किसी सच्ची घटना पर आधारित है क्या? पिछली पीढ़ी की औरतों को लगता है कि कहीं-न-कहीं उनका कोई हिस्सा इसमें है ज़रूर। इस कहानी में वे अपने को ढूँढ़ती हैं। यह सच है कि इस कहानी के सूत्र मुझे एक वास्तविक घटना से मिले।

सन् 1994 की बात है। पश्चिम बंगाल के एक छोटे-से गाँव से एक बुज़ुर्ग सज्जन हमारे संगठन 'हेल्प' में आए थे। उन्होंने अपनी इकलौती बेटी की शादी मुंबई में की थी और बेटी ने अपनी एक साल की बच्ची को छोड़कर तीसरे माले से कूदकर आत्महत्या कर ली थी। उन्हें इस हादसे की जानकारी भी तत्काल नहीं मिली। उन्हें संदेह था कि उनकी बेटी को दहेज़ के लालच में मार डाला गया है। इसका कोई ठोस सबूत उनके पास नहीं था। संदेह की वजह बताते हुए उन्होंने अपने काँपते हुए हाथों से अपनी बेटी की ख़ूबसूरत लिखाई में लिखे हुए कुछेक अंतर्देशीय ख़तों का छोटा-सा पुलिन्दा हमें थमा दिया।

उन ख़तों ने मुझे बेहद परेशान किया था। वह काउंसिलिंग की शुरुआत के दिन थे। मैं बहुत 'सीज़न्ड' नहीं हुई थी इसलिए हर 'केस' मुझे डिस्टर्ब कर देता था। उन ख़तों को लिखने वाली बेहद संवेदनशील लड़की के चरित्र का रेशा-रेशा उसके ख़तों की पंक्तियों में मेरे सामने बिखरा था। एक-एक पंक्ति गवाह थी कि लड़की माँ-बाप की बेहद आज्ञाकारिणी और लाड़ली थी। पश्चिम बंगाल के एक छोटे-से क़स्बे से निकलकर मुंबई जैसे महानगर में एक स्थायी नौकरी वाला सुदर्शन वर और अपनी औक़ात से बड़ा घर देखकर, अपनी पढ़ाई अधूरी छोड़कर, उसने माँ-बाप का मन रखने के लिए न चाहते हुए भी शादी कर ली थी। फिर भी उसके पास अपने कुछ ख़ूबसूरत सपने तो थे ही जो शादी से पहले हर लड़की की पोटली में बँधे होते हैं। लेकिन सपनों से उतरकर जैसे ही वह ज़मीन पर आती है, उसे समझने में देर नहीं लगती कि शादी के बाद उसे अपने हालात से ख़ुद जूझना है और अपनी निजी समस्याओं से माँ-बाप को परेशान नहीं करना है, लेकिन कुछ था जिसे वह हर हाल में बाँटना चाहती थी। उसके ख़तों में उसके छोटे-से क़स्बे की, सखी-सहेलियों की, तालाब और मछली की, बगान के फूलों और झूलों की यादें थीं और महानगर मुंबई में एक निहायत अलग क़िस्म के माहौल का टीसता—सा बयान था। हर ख़त में

लगातार एक अंडरटोन थी जिसे समझ पाने में असमर्थ माँ-बाप ने न उसे बुलाया, न ख़ुद उससे मिलने आए। एक छोटे-से क़स्बे से महानगर में आईं कितनी लड़कियाँ ऐसी होंगी जो अच्छी तरह जानती हैं कि उनके माता-पिता नए घर में उसकी यातना और प्रताड़ना और स्थितियों से तालमेल न बिठा पाने की उसकी असमर्थता का बयान नहीं सुनना चाहते बल्कि उसका 'कुशल-क्षेम' ही सुनना चाहते हैं। ज़ाहिर है, सिर्फ़ उन ख़तों के जरिए कोई क़ानूनी कार्रवाई नहीं की जा सकती थी क्योंकि उन ख़तों में सीधे-सीधे किसी भी तरह की प्रताड़ना का संकेत भी नहीं था। उस बूढ़े पिता और भाई की कोई मदद नहीं की जा सकी। पर उस लड़की के बांग्ला भाषा में लिखे ख़त मेरे भीतर लंबे समय तक टीसते रहे।

कुछेक साल बाद मैं उसकी कहानी लिखना चाहती थी पर लिख नहीं पा रही थी। सीधे तकलीफ़ का बयान एक सपाट रिपोर्ट हो जाती है और वह अपेक्षित प्रभाव नहीं छोड़ती। यातना और दुख की 'सघनता' को पढ़नेवाले या सुननेवाले के भीतर उतारने के लिए एक बेहद सटीक प्रतीक की ज़रूरत थी। तभी एक दिन अपनी एक पुरानी कहानी 'महानगर की मैथिली' का शेल कॉलोनी-चेंबूर वाला घर मेरे दिमाग़ में ताज़ा हो आया, जहाँ बारिश के दिनों में मोरी से लगातार निकलते केंचुओं से मैं आक्रांत रहती थी। बिना रीढ़ की हड्डी वाले लिजलिजे, पिलपिले केंचुए मुझे दहशत से भर देते थे। केंचुओं में वह दुख सघन होता दिखाई दिया। पूरी कहानी में केंचुए का प्रतीक लगातार साथ-साथ चलता है। मेरा वह चेंबूर वाला घर-महाकाली केव्स रोड का वह कमरा बन गया, जहाँ बैठकर अन्नपूर्णा मंडल ने अपनी आख़िरी चिट्ठी अपने डाकिए बापू शिबू मंडल के नाम लिखी। जैसे ही बारिश और केंचुओं के प्रतीक का सूत्र मिला, कहानी एक सिटिंग में लिख ली गई। डॉ. प्रभाकर श्रोत्रिय उन दिनों 'वागर्थ' के संपादक थे और 'कथा समय' के लिए कहानी की लगातार माँग कर रहे थे। यह कहानी बहुत छोटी-सी थी। मैंने बड़े संकोच के साथ इसे एक और छोटी कहानी के साथ नत्थी करके भेज दिया। उन्होंने पढ़ने के बाद तत्काल फ़ोन किया-'इस एक कहानी के बाद किसी और कहानी की ज़रूरत नहीं रह जाती इसलिए दूसरी नहीं ले रहा।' 'वागर्थ' में ही अग्रज कथाकार मुद्राराक्षस ने जब इस कहानी का विस्तृत विश्लेषण किया तो मैंने भी नए सिरे से कहानी को समझा। लिखते समय शायद मेरे ज़ेहन में भी इतने अर्थ एक साथ स्पष्ट नहीं हुए थे।

दिल्ली के आनंद ग्राम, संस्कृति केंद्र में वीमेंस वर्ल्ड की कार्यशाला में जब मैंने इस कहानी को पढ़कर सुनाया तो लखनऊ की शायरा अज़रा परवीन और कथाकार गज़ाल जैगम के आँसुओं ने मुझे भी हिला दिया। इस कहानी का अनुवाद पंजाबी

पत्रिका 'मुहांदरा' के जनवरी–मार्च 2004 के अंक में जैसे ही आया, चंडीगढ़ के नुक्कड़ नाटकों के लिए जाने-माने सुप्रसिद्ध वरिष्ठ रंगकर्मी गुरशरण सिंह ने टोनी मॉरिसन की कहानी और इसे मिलाकर 8 मार्च, 2004 को महिला दिवस के दिन एक नाटक खेला। बाँकुड़ा की उस लड़की को मैं इसमें देखना चाहती थी, जिसके ख़तों की अंडरटोन इस पूरी कहानी में व्याप्त है जिसमें 'रीडिंग बिट्वीन द लाइंस' की गुंजाइश अपने आप छूटती चली गई है। यह कहानी बाँकुड़ा की उस ख़तों वाली लड़की को ही समर्पित है। हाँ, यह ज़रूर कहूँगी कि आत्महत्या ज़िंदगी से न जूझ पाने और ज़िंदगी से हार मान लेने का ही परिणाम है। हर व्यक्ति के जीवन में अँधेरे के बाद उजाला भी आता ही है। वह बाँकुड़ा वाली लड़की भी अगर हिम्मत न हार जाती तो कौन जाने, अपनी बेटी की खिलखिलाहट उसमें जीने का नया हौसला भरती, वह अपनी छूटी हुई पढ़ाई पूरी कर लेती और एक सम्मानजनक जीवन उसके लिए जीने के नए दरवाज़े खोलता। अपने पैरों पर खड़े होने लायक शिक्षा और आर्थिक आत्मनिर्भरता किसी भी लड़की को, अपने पर होने वाली यातना को पहचान पाने की इतनी ताक़त तो देती ही है कि वह उससे बाहर निकलकर अपने लिए एक राह बनाए।

ताराबाई चॉल : कमरा नंबर एक सौ पैंतीस

उस बाँझ औरत के अड़तीस वर्षीय मरद को मरे आज चौदहवाँ दिन था।

नहाने के बाद निचोड़े हुए पेटीकोट से अपना गीला बदन पोंछते हुए अचानक उसकी निगाह आईने पर पड़ी। उसने आईने की धूल को गीली अँगुलियों से पोंछ दिया।

वह चौंकी। हफ़्तों, महीनों, बरसों से उसने आईना नहीं देखा था।

पिछली बार उसने आईना कब देखा था? शायद तब, जब शादी से पहले पाँचवीं कक्षा में पढ़ते समय वह स्कूल जाने से पहले बालों में रिबन बाँधती थी। आज उसे लगा जैसे वह पहली बार अपने को आईने में देख रही है। पहले जब वह आईने में देखकर चोटी गूँथती थी तो सिर्फ़ आँखें देखती थी, जब कानों में बुंदे पहनती तो उसकी आँखें सिर्फ़ कानों को देखती थीं। सारे बिखरे हुए टुकड़ों को मिलाकर उसने अपना चेहरा एक साथ पहली बार देखा।

आईना मटमैला था और छोटा। वह अपने पंजों पर उचकी। बहुत आहिस्ता उसने गीले बदन से कपड़ा हटाया। गले से नीचे उसने कभी अपने को आईने में देखा ही नहीं था। वह एकटक देखती रही, देखती रही। सहसा जैसे पैर तले की ज़मीन रेत में बदल गई और पैर नीचे रेत में धँसने लगे। उसने दोनों हाथों से सिर थामा और आँखें बंद कर तहख़ाने में उतर गई। वह नीचे धँसती रही, धँसती गई, इतनी कि होंठों तक रेत की किरकिरी गिजगिजाने लगी, दिल उछलकर हथेलियों में आ गया। उसने अपने को समेटा और लंबी साँस लेकर हथेलियों से बाएँ वक्ष के नीचे की धड़कन को महसूस किया। फिर अपने को ऊपर खींचा, ज़मीन पर पैरों को महसूस किया और वक्ष को काँपती हथेलियों की ओट से धीरे-धीरे आज़ाद किया। अब उसकी अँगुलियाँ वक्ष पर पड़े नए-पुराने जख़्मों को सहला रही थीं। वक्ष पर दोनों ओर जगह-जगह कत्थई, काले निशान और सूखे हुए निशानों पर बने गड्ढे थे। आख़िरी निशान पंद्रह दिन पुराना था, जब हमेशा की

तरह उसके मरद ने सहवास के बाद आदतन बीड़ी सुलगाई थी और आख़िरी कश खींचकर उसके बाएँ वक्ष पर जलती सलाई-सा चुभो दिया था। वह दर्द से चीख़ी थी तो वह तमाखू सने दाँतों से मुस्कुरा दिया था। जब तक वह ज़ोर लगाकर झटकती, बीड़ी का टोंटा चमड़ी में भीतर तक खुब गया था। उसने सिसकारी भरते हुए उसका दायाँ हाथ मरोड़ दिया तो वह और ज़ोर से खिलखिलाया था। बीड़ी या सिगरेट सुलगाकर उसके बदन पर जहाँ-तहाँ दाग़ देना उसका प्रिय शगल था।

'तेरे बदन में कोढ़ फूटे, मरते बखत तुझे कोई पानी न दे।' उसके मुँह से गालियों की बौछार झरती, पर मर्द तब तक करवट बदलकर खर्राटे भरने लगता। कमरा खर्राटों से भर जाता। उसकी आँखें छलछला आतीं। उसे मर्द की खिलखिलाहट और खर्राटों में कोई फ़र्क़ नहीं लगता था।

–और उस दिन जब भायखला की लोकल ट्रेन दुर्घटना में उसके मर्द की जगह उसकी लाश लौटी तो उसे विश्वास नहीं हुआ। उस कमरे में जहाँ उसके मर्द का बेजान शरीर पड़ा था, छत से बारिश का पानी रिस-रिसकर उसके शरीर पर टपक रहा था। कमरे की खूँटी पर उसकी बदरंग क़मीज़ टँगी थी और खर्राटे अब भी वहाँ दीवारों से चिपके बैठे थे। उसके वक्ष पर पिछली रात का ताज़ा घाव पहले से ज़्यादा टीसने लगा था। उसके बदन पर पड़े तमाम घाव ज़िंदा हो गए थे। वह दहाड़ें मार-मारकर रो रही थी, पता नहीं अपनी छाती पर रिसते ज़ख़्मों के कारण या अपने पति की मौत पर।

छत से टपकते पानी और उसके आँसुओं के बीच वह शरीर कब उठा लिया गया, उसे पता नहीं चला। उसने काले दानों वाला मंगलसूत्र उतारकर आले में रख दिया। चार दिन बाद उसने काम पर जाना शुरू कर दिया।

वापस लौटने पर उसे कमरा बहुत बड़ा लगा। खुरदरे फ़र्श पर घुटनों रेंगते एक जोड़ी नन्हे पैरों की ललक और कमरे में बिखेरी गई चीज़ों का सपना ओनों-कोनों में दुबककर कमरे को ख़ाली और भुतहा बना रहे थे। इसी कमरे में पहले वे दो भी भीड़ की तरह आपस में टकराते या एक-दूसरे से कतराते रहते थे। इसके बाद दिन भी उसे बड़े लगने लगे। काम से लौटकर वह रोज़ फ़र्श को रगड़-रगड़कर पोंछती, पर एक अजीब-सी गंध थी, जो ठहरे हुए समय की तरह वहाँ बैठ गई थी और जाने का नाम नहीं लेती थी। जब रात को काम से थकी-टूटी, पस्त होकर खाट पर लेटती तो छत पर टँगे और दीवारों पर बैठे हुए खर्राटे नीचे उतरकर उसके आसपास पसर जाते। छत की फाँक से मर्द की बेरहम खिलखिलाहट बरसात के पानी की

तरह झरने लगती। उसकी छाती पर रोज़ एक नया घाव खौलते पानी की तेज़ धार-सा पड़ता और वह चौंककर उठ जाती।

उसने अपने मर्द की सारी चीज़ों को उठाकर आँखों से परे रख दिया। ठर्रे की बोतल को दरवाज़े से बाहर रखा और खूँटी पर टँगी क़मीज़ को खाट के नीचे पड़े कपड़ों में डाल दिया। खूँटी पर पुराना आईना अटका दिया, जो पहले आले के कोने में पड़ा था और जिसमें वह सिर्फ़ अपने बाल या उचककर अपनी नाक देख सकती थी। अब वह आईना जब-तब न चाहते हुए भी उसके रास्ते में आ जाता था।

आईने में देखते हुए उसने वक्ष पर सूखते घाव की पपड़ी को अँगुली से ज़रा-सा छीला तो उसमें से ख़ून की लाल बूँदें छलछलाने लगीं। उसका भरम था कि घाव सूख रहे हैं। वे अब भी गीले थे। उसने गीले पेटीकोट से आईने को ढक दिया और आईने के सामने से हट गई।

कपड़े पहनने के बाद उसने देखा, खिड़की की उखड़ी हुई काली लकड़ी की दरारों से छोटे-छोटे तिलचट्टे चौदह दिन से सूखे पड़े मर्द के दाँत माँजने के ब्रश पर चढ़ रहे थे। उसके पास ही कोने में सिगरेट का ख़ाली पैकेट था। वह उसे मोड़कर फेंकने को हुई कि देखा, उसमें आख़िरी एक सिगरेट बची हुई थी।

उसने सिगरेट सुलगाई और अपने मर्द के अंदाज़ में एक कश खींचा। फिर एक और। फिर एक और। आख़िर एक जुनून में उसने जलते टोटे को अपने पेट पर दबा दिया। पेट की नरम त्वचा पर अंगार पड़ते ही उसके मुँह से एक चीख़ निकली और ऊपर उठकर कमरे की छत तक फैल गई। उसकी आँखों की कोरों तक आँसू डबडबा रहे थे। सहसा रुलाई का ग़ुबार गले तक उठा और वह फूट-फूटकर रोने लगी।

हिचकियों से थककर कुछ देर बाद वह शांत हो गई। पनीली आँखों से उसने खाट की ओर देखा। वहाँ उसके मर्द का धुँधलाया अक्स पैर हिलाते हुए बैठा था और उसके चेहरे की निर्मम हँसी आईने-सी साफ़ थी।

ताराबाई चॉल : कमरा नंबर एक सौ पैंतीस

सहनशील धरित्री का आत्मपीड़क आनंद

हिंसा एक नकारात्मक भाव है और हिंसक व्यक्ति अपने भीतर की सारी कुंठाओं, सारे असंतोष को अपनी पत्नी या बच्चों (यानी ऐसे लोग जो शारीरिक रूप से उससे कमज़ोर हैं) के प्रति आक्रामक होकर अपने भीतर से बाहर निकालने की कोशिश करता है। इसके पीछे मुख्य कारण उसकी पत्नी के मुखर प्रतिवाद की अनुपस्थिति है। इस अनुपस्थिति का कारण भावात्मक भी होता है। एक औरत के संस्कार उसे सात फेरों की मर्यादा और गरिमा में इस क़दर जकड़ लेते हैं कि वह बहुत-सा अनचाहा स्वीकार करती चलती है। प्रतिरोध वह तभी करती है, जब चीज़ें उसकी बर्दाश्त के परे चली जाती हैं और उसकी अधेड़ होती देह आक्रामकता को और झेल नहीं पाती। कहीं-कहीं यह भी देखा जाता है कि समय के साथ वह इस हिंसा की भी ऐसी आदी हो जाती है कि यह पीड़ा उसे ज़िंदगी का हिस्सा लगने लगती है।

महिला सलाहकार केंद्रों में अजीबोग़रीब मामले सामने आते हैं। एक पढ़ी-लिखी (ग्रेजुएट और टीचर ट्रेनिंग का कोर्स पास) लड़की शादी के बाद पूरे समर्पित भाव से प्रसन्न मन अपने पति के साथ रही। डेढ़ साल बाद उसने एक बेटे को जन्म दिया। बेटे के जन्म के बाद अप्रत्याशित रूप से पति का रवैया बदल गया। उसी शहर में रिश्ते की फुफेरी भानजी हॉस्टल में रहने के लिए आई। उम्र में पंद्रह साल छोटी। पति उसे वीकएंड पर घर ले आता। उसके साथ हँसी-ठट्ठा करता। बच्चे के साथ तीनों खेलते। संदेह का कोई कारण नहीं था। बच्चा बीमार हुआ तो उसे तीन दिन अस्पताल रखना पड़ा। पत्नी बच्चे के पास अस्पताल में तीन दिन क्या रही, इधर पति का उस लड़की के साथ रिश्ता बन गया। पत्नी के सामने ही उसे दूसरे कमरे में ले जाता। उससे पहले वह अपनी पत्नी के सारे कपड़े उतारकर रख देता। वह अपने छह महीने के बच्चे को सँभाले रोती रहती। अपने माता-पिता से अपने पति का यह आचरण बाँट नहीं सकती थी, क्योंकि छोटी बहन की शादी की बात चल रही थी। अगर वह अपने छह महीने के बच्चे को लेकर मायके पहुँच जाती तो छोटी बहन की शादी में अड़चन आती। सब

कुछ वह चुपचाप झेलती रही लेकिन एक बात वह समझ नहीं पाती कि उसके कपड़े क्यों उतार दिए जाते हैं? यह उसे बहुत बाद में समझ आया कि पति को यह डर था कि वह पीछे के दरवाज़े से बाहर निकलकर पुलिस को न बुला लाए। निर्वस्त्र औरत बाहर नहीं जाएगी, इसलिए उसके कपड़े उतारकर बच्चे के पास छोड़ दिया जाता। सेक्स की हवस पुरुष को निर्लज्ज ही नहीं, क्रूर, अमानवीय और हिंसक बना देती है।

छोटी बहन की शादी के बाद उसने हिम्मत जुटाई। एक दोपहर थाने में जाकर रपट लिखाई और रात को महिला पुलिस को घर में रखा, जिसने उस आदमी को रँगे हाथों पकड़कर लॉकअप में डाल दिया। हैरानी हमें तब हुई जब तीसरे दिन वह अपने पति के लिए ख़ाना बनाकर ले आई कि वह तीन दिन से न जाने कैसा ख़ाना खा रहा है, उसे घर का ख़ाना याद आता होगा। सारे अमानवीय, अनैतिक आचरण के बावजूद, इस तरह के भावात्मक लगाव से किसी भी औरत का निकल पाना बहुत आसान नहीं होता। अंततः उसने नौकरी की, पति से अलग रही और बच्चे को आज अच्छे स्कूल में पढ़ा रही है।

स्त्री को यूँ ही धरती की संज्ञा नहीं दी जाती। वह न जाने कितने ऊबड़-खाबड़ पहाड़, खाई-खंदक, अथाह समुद्र की लहरों के थपेड़े, अपने सीने पर झेलती चलती है। मुंबई की एक ताराबाईनुमा चॉल में रहती यह कामगर मेहनतकश औरत हमारे पास मदद के लिए आई थी। अपने पति के लिए फाहिश गालियों का इस्तेमाल करती। उसकी ज़्यादतियों का बखान करती, अपने कपड़े खोलकर पति की बीड़ी–सिगरेट से जले हुए, अपने बदन पर पड़े कुछ रिसते, कुछ सूखे घाव दिखाती और ज़ार-ज़ार रोती। आर्थिक रूप से वह आत्मनिर्भर थी। चार-पाँच घरों में बर्तन और झाड़ू-पोंछा का काम करती, अपने बेवड़े मरद को भी पाल रही थी। बच्चा भी कोई था नहीं कि साथ रहने की मजबूरी होती। बार-बार हमारे समझाने के बाद भी जब उसने अपने दारूबाज़ पति को नहीं छोड़ा तो हम खीझ उठे कि अगर सलाह पर अमल ही नहीं करना है तो यहाँ आने की क्या ज़रूरत है! अब उसने बताना ही बंद कर दिया कि उस पर क्या बीत रही है। पति उसके लिए एक ऐसी आदत बन चुका था जिसके बिना निज़ात नहीं थी। शायद उसे यातना में सुख मिलने लगा था। ऐसी सहनशील धारित्री का आत्मपीड़क आनंद आख़िर स्त्री को कहाँ ले जाएगा?

यह एक ऐसी ही स्त्री की कहानी है जिसके लिए पति का व्यवहार एक आदत बन चुका है। 'यातना' भी अफ़ीम-सा नशा देती है। हज़ारों औरतें इस तरह यातना में जीने को रोज़मर्रा की रूटीन में स्वीकार कर चलती हैं। जब तक औरत स्वयं न चाहे, कोई स्वैच्छिक संस्था उसे हिंसा से छुटकारा नहीं दिला सकती। राहत पाने के लिए पहला क़दम प्रताड़ित औरत को स्वयं उठाना पड़ता है।

कहानी

तीसरी बेटी के नाम–ये ठंडे, सूखे, बेजान शब्द

सुनयना, आज तू होती तो अट्ठाईसवाँ वसंत देखती।

उस दिन भी तो मेरे कमरे के बाहर वसंत था, और अंदर–ऐसे चेहरे जो वसंत को पतझर में बदल रहे थे। डरे, सहमे चेहरे–चेहरे, जिन पर मुर्दनगी छाई थी। तरस खाती आँखें, सिकुड़े हुए जिस्म–जैसे वे मेरी तीसरी बेटी के जन्म पर नहीं, उसकी मातमपुर्सी पर आए हों।

और इन मुर्दा चेहरों से अनजान तू मेरी बग़ल में लेटी थी। रूई के फाहे-सा मुलायम, अपना खिला हुआ चेहरा लिए तूने अपनी मुँदी हुई आँखें खोली थीं और तू मुस्कुराई थी। तेरी ख़ूबसूरत, चमकती नीली आँखों पर, मैंने तेरा नाम लिखा था–सुनयना!

तभी बूढ़ी बुआ चहकती हुई दाख़िल हुई थीं–'कैसा गोरा-चिट्टा सलोना बच्चा! हाय, मेरी नज़र न लगे!' बुआ ने तुझ पर से चादर हटाई और मुँह सिकोड़ लिया। लंबी साँसें खींच तेरी सिलवटों वाली त्वचा की जाँघों के बीच, हल्की-सी चपत लगाकर बुआ ने उस सिरजनहार को कोसा था, 'हाय मेरे रब्बा! इक्क होर कुड़ी? बनाण वाले दे घर मिट्टी थुड़ गई सी?' (एक और लड़की? तुझे बनाते समय मिट्टी कम पड़ गई थी?) मैं शर्मिंदा हुई। पैदा होते ही तुझे नंगा किया जा रहा था। मैंने फ़ौरन उघाड़ी हुई चादर तुझ पर खींच दी थी। तुझे चादर उढ़ाकर तेरा आदर तुझे लौटा रही थी मैं।

'बुआ, ऐसे मत बोल! यह मेरी बेटी भी है और बेटा भी! बेटा होता तो भी इतनी ही तकलीफ़ देकर, इतना ही ख़ून बहाकर पैदा होता!'

'बेटी तो बेटी ही रहती है, धिये, इसे बेटा बनाने की जुर्रत न करना,' बुआ एक समझदार व्यंग्य भरी हँसी हँसकर चल दी थीं। और मैंने ठंडे,

सख़्त चेहरों से आँखें हटाकर तुझे अपने साये की ठंडी छाँव से ढक दिया था।

उस साये के तले तू हँसने लगी। तू खिलने लगी, तू खेलने लगी। तेरे नन्हे-नन्हे पाँव ज़मीन पर डगमग चले, थिरके, तेरे मुँह से बोल फूटे। तूने पहला शब्द बोला-माँ और तेरी माँ तेरे साथ चहकी। तूने बस्ता काँधे पर लादा, तूने तोतले बोलों में गाए गाने। और गानों पर हाथ-पाँव नचाते, आँखें मटकाते तू सात बरस की हो गई।

फिर एक दिन स्कूल से तू लौटी तो तेरे चेहरे पर दहशत थी। 'माँ, बस के कंडक्टर ने मुझे यहाँ छुआ था और फिर हँसा था। मुझे उससे डर लगता है।' उस छोटी-सी उम्र में ही मैंने तुझे लड़की को दी जाने वाली शिक्षा का पहला पाठ पढ़ाया।

और उस दिन के बाद से तू चौकस रहने लगी-हमउम्र लड़कों से परे-परे चौकन्नी-सी। तूने अपने में और उनमें फ़र्क़ करना सीखा।

तू और बड़ी हुई, समझदार भी! तू क्लास में अव्वल आई। स्कूल की रेस में शील्ड लाई। तेरा कमरा तेरे मेडल और ट्रॉफियों से भर गया। तूने अपनी हिफ़ाज़त ख़ुद करना सीखा। आवाज़ों पर पीठ फेरना और भीड़ में कुहनियों का इस्तेमाल करना सीखा।

तू और बड़ी हुई। तू सपनों में खोने लगी, हवा में उड़ने लगी। तुझे अपने साथ पढ़ने वाला एक लड़का अच्छा लगने लगा था। तुम्हारे सपने एक थे, ख़ुशियाँ एक पर तुम्हारे मज़हब अलग थे। हम सबने तुझे घेरा। तुझे कभी आँसुओं का, कभी अपनी ममता का वास्ता दिया, 'मज़हब बहुत बड़ी दीवार है, समय रहते चेत जा!' तू समझदार थी। अपने भीतर लहूलुहान हुई मगर चेत गई। वक़्त ने तेरे घावों पर मरहम का काम किया। तूने चिंदी-चिंदी हुए अपने-आपको समेटा और अपने पैरों पर खड़ी हुई। बड़ी-बड़ी डिग्रियाँ हासिल कीं। जो बेटा न करता, तूने कर दिखाया। बुलंदियों को छूने के दौरान तुझे अपने सपनों का एक और राजकुमार मिला। तेरी तरह वह भी बुलंदियों की, ऊँचाइयों की, चाँद-सितारों की बातें करता था। उसके भी ऊँचे सपने थे। तेरी तरह वह भी एड़ियों पर उचक-उचक कर आसमान को छू लेना चाहता था।

अपनी बेटों-सी बेटी को सलमे-सितारे वाली लाल साड़ी में लपेटकर हमने गीली आँखों से तुझे विदा किया-तेरे सपनों के राजकुमार के साथ।

यह तेरी ज़िंदगी का आख़िरी हादसा था। तेरे गले में अपने नाम का मंगलसूत्र पहनाकर वह राजकुमार, राजकुमार नहीं रहा, तेरा पति हो गया।

तुझे सीढ़ी बनाकर वह ऊपर, और ऊपर उठता गया। वह फिर पीछे देखना नहीं चाहता था। तूने अपने हाथ क्यों बढ़ाए उसकी ओर? वह आसमान की ओर बढ़ते तेरे हाथों को रसोई की बंद खिड़की के पास लाना चाहता था, जहाँ से एक टुकड़ा आसमान भी तुझे साफ़ न दिखे! क्यों नहीं मानी तूने उसकी बात? उसने तुझे तालों में बंद कर दिया। तुझे फिर भी दहशत नहीं हुई? तू उस तहख़ाने से निकलने के रास्ते ढूँढ़ने लगी। अपनी आवाज़ बंद दरवाज़े के बाहर पहुँचाने की जुर्रत कर बैठी।

सजा तो तुझे मिलनी ही थी। अपने पति से ऊँचा उड़ने की सज़ा। अपने पति से बग़ावत करने की सज़ा। अपने सपने को सच में बदलने के अरमानों की सज़ा। अपनी कोठरी से बाहर की दुनिया तक सुरंगें खोदने की सज़ा।

वह तुझ पर ज़ुल्म ढाने लगा। बाहर की दुनिया से तेरे सारे सरोकारों को उसने रद्द कर दिया। तुझ पर पहरे बिठा दिए। अकेले कमरों में तेरा दम घुटने लगा। तूने एक दिन उस क़ैदख़ाने से हमेशा के लिए निज़ात पानी चाही और ज़हर को गले से नीचे उतार लिया, पर तुझे जीना था। यह नियति थी या कुछ और–पर इस नई ज़िंदगी ने तुझमें जीने का, लड़ने का नया हौसला भरा। तूने अपने पैरों के नीचे की ज़मीन को पहचाना। इस पर तुझे चलकर दिखाना है और अपने हिस्से का आसमान मुट्ठियों में बंद करना है, यह तूने ठान लिया था। अब उसके पास कोई रास्ता नहीं बचा था। इससे पहले कि तेरे हाथ आसमान की बुलंदियों तक पहुँचे, उसने तेरे उड़ते पंखों को कतर डाला। सितारों को छूने के लिए बढ़ते तेरे हाथों को काटकर झोंक दिया भट्ठी की जलती आग में। जितनी तेज़ी से उस आग की लपटें फैली थीं, उतनी ही तेज़ी से ठंडी भी हो गईं।

'हर ऐंबिशंस लेड टु हर डेथ!' तीसरे दिन अख़बार में सुर्ख़ियाँ थीं कि तेरा पति तेरे पहले प्रेमी को बर्दाश्त न कर सका, इसलिए ग़ुस्से में अंधा होकर उसने तेरे चिथड़े कर डाले। इसके साथ ही तेरे लिए हिलोरें लेतीं हमदर्दी की लहरें शांत हो गईं। सबने कहा, तू अपनी मौत का कारण ख़ुद थी, सुनयना! क्यों तूने पंख फैलाकर आसमान की थाह लेनी चाही थी? घर की चौहद्दी से छिटक-छिटक जाती थी तू? क्यों इतने विकल्प थे तेरे पास पति की दुनिया से अलग भी? तेरा पति तो मात्र निमित्त था। तूने ख़ुद अपना अंत किया। तेरी यह सजा तो सदियों पहले से तय की जा चुकी थी। इसे बदला कैसे जा सकता था भला? फिर भी बार-बार किया गया तेरा पोस्टमार्टम–तेरे जलने से बच गए भूरे बालों का किया गया मिलान तेरी तस्वीर से–केमिकल्स के बीच महीने-भर सुरक्षित रखी गई तेरी लाश–तेरे

कटे हुए अधजले अंग...आज चिता पर चढ़ने जा रहे हैं अपने पति के ज़िंदा रहने के साज-सिंगार से लैस होकर!

सलमे-सितारों वाली लाल साड़ी के क़फ़न में लिपटी सुहागिन सुनयना। क्या रखूँ तेरी चिता पर? सिवाय इन ठंडे, सूखे, बेजान शब्दों के-जो तेरे किसी काम के नहीं! शब्द, सिर्फ़ शब्द-इस देश का क़ानून नहीं बदल सकते! न वे बन सकते हैं फाँसी का फंदा, जो तेरे हत्यारे के गले में डाला जा सके!

सफ़ेद काग़ज़ पर लिखे ये काले अक्षर रखती हूँ तेरी चिता पर! ये सूखे पत्तों की तरह तेरी चिता की आग को हवा देंगे और बुझ जाएँगे उन चिनगारियों की तरह, जो राख में से उठती हैं! तेरे साथ ही विलीन हो जाएँगे ये अक्षर, ये शब्द! हवा से हवा, अग्नि से अग्नि, जल से जल, आकाश से आकाश, मिट्टी से मिट्टी! सब धुआँ हो जाएगा। बस, रह जाएगी एक मुट्ठी राख!

पर सुन मेरी बच्ची! अपनी कटी हुई हथेलियाँ न फैलाना उस बनाने वाले के सामने कि पिछली बार तुझे बनाते समय जो भूल की थी, उसे सुधार ले! नहीं! तुझे तो फिर फिर वही बनना है! फिर फिर औरत! सौ जनमों तक औरत! तब तक औरत, जब तक तेरे हिस्से का आसमान, तेरे और सिर्फ़ तेरे नाम न कर दिया जाए!

एक माँ का आशीर्वचन–तुझे तो फिर-फिर बनना है औरत

'तीसरी बेटी के नाम : ये ठंडे, सूखे, बेजान शब्द' दरअसल कहानी की तरह लिखी ही नहीं गई। कहानी 'अन्नपूर्णा मंडल की आख़िरी चिट्ठी' और उर्मिला पवार की कहानी 'न्याय' से हमने मुंबई के वकोला स्थित वीमेंस सेंटर में अशिक्षित महिलाओं के बीच कथा-वाचन की एक कार्यशाला की शुरुआत की थी। यह कहानी एक लंबी कविता के फॉर्म में सुनाने के इरादे से ही लिखी गई थी, पर मुंबई की एक चर्चित लघु पत्रिका 'कथाबिंब' में मेरे आत्मकथ्य के साथ चूँकि संपादक को अप्रकाशित कहानी चाहिए थी सो मैंने इसे कविता से हटाकर कहानी के रूप में प्रकाशित करवा दिया।

इस कहानी के माध्यम से मैं महिलाओं को नयना साहनी के तंदूर कांड और इंडियाज़ मोस्ट वॉन्टेड की अंजू सिंह की (तथाकथित) आत्महत्या के बारे में जानकारी देना चाहती थी, क्योंकि अख़बारों और न्यूज़ चैनलों पर एक अलग ही तस्वीर प्रस्तुत की जा रही थी। लड़की के चरित्र को कटघरे में खड़ा कर उस पर लांछन लगाना सबसे आसान काम है। मीडिया इसमें पूरा सहयोग देता है, क्योंकि मीडिया को सनसनीखेज बिकाऊ ख़बर चाहिए और लड़की के शीलभंग, बलात्कार, चरित्र से ज़्यादा बिकाऊ भला क्या होगा? सन् 2008 में आरुषि हत्याकांड में तेरह-चौदह साल की स्कूली छात्रा आरुषि को भी बख़्शा नहीं गया।

कई बार समाज में ऐसी घटनाएँ घटित होती हैं जो आपके निजी जीवन से संबंधित न होने के बावजूद आपको भीतर तक दहला देती हैं। अख़बारों में अक्सर ऐसी दुर्घटनाएँ आपकी नज़रों के सामने से गुज़रती हैं जिन्हें पढ़कर आप बौखला उठते हैं पर चूँकि वह आपके दायरे या सीमा से बाहर होती हैं, इसलिए आपके पास अपनी नाराज़गी को निगल लेने के अलावा कोई विकल्प नहीं होता। यह देखना

भी दुखद होता है कि ऐसी घटनाएँ अख़बार के पहले पन्नों से हटकर कैसे धीरे-धीरे अन्दर के पन्नों में सरक जाती हैं, उसका फैलाव भी सिमटता जाता है और फिर वह ख़बर बासी होकर हमारे ज़ेहन से उतर जाती है। डेढ़ दशक पहले एक राजनीतिक दल के युवा नेता सुशील शर्मा ने अपनी पत्नी नयना साहनी की हत्या कर उसकी लाश को अपने क़रीबी मित्र के होटल के जलते तंदूर में झोंककर सारे सबूत मिटाने की कोशिश की थी, लेकिन वह पकड़ा गया। उन दिनों यह तंदूर कांड सुर्ख़ियों में था। तभी मैंने डायरी में कुछ पैराग्राफ़ लिखकर अपनी नाराज़गी को एक आउटलेट देने की कोशिश की थी।

कुछेक साल बाद लगभग ऐसी ही एक और घटना हुई। अपने पति के सामने अंजू सिंह (इल्यासी) ने अपने पेट में चाकू घोंपकर आत्महत्या कर ली थी। दोनों घटनाओं में कुछ समानताएँ थीं। दोनों औरतें ख़ूबसूरत, ज़हीन और केरियरिस्ट थीं। दोनों के पतियों ने उनकी बुद्धिमत्ता को सीढ़ी की तरह इस्तेमाल किया। 'इंडियाज़ मोस्ट वॉन्टेड' की परिकल्पना अंजू की थी। अंजू और सोहैब दोनों ने मिलकर इसे एक रूप दिया। 'इंडियाज़ मोस्ट वॉन्टेड' कार्यक्रम का पायलट जब स्वीकृति के लिए जमा किया गया तो उसमें संचालन अंजू सिंह का था, लेकिन जब कार्यक्रम शुरू हुआ तो परदे पर सोहैब छाए थे। कार्यक्रम की टी.आर.पी. रेटिंग बढ़ने और एंकर के बुलंदियों तक पहुँचने के बीच किस तरह अंजू परदे के पीछे धकेली जाती रही और गुमनामी के इस अँधेरे में धकेले जाने से उसे कितनी घुटन महसूस होती होगी, यह किसी ने जानने की कोशिश नहीं की क्योंकि अंततः यह आत्महत्या का मामला था और आत्महत्या की ओर धकेले जाने की ज़िम्मेदारी क़ानूनन किसी पर नहीं डाली जा सकती, सेलिब्रिटी पर तो और भी नहीं। अपनी पत्नी की 'हाराकीरी' के सिलसिले में सोहैब जिस तरह प्रभुताशाली नेता के अंदाज़ में अदालत के बाहर खड़ी जनता को, मुक़दमा जीतकर लौटने के विजय चिह्न के रूप में, अँगूठा ऊपर उठाकर, दिखाते हुए जा रहे थे, उसे देखकर मेरा ख़ून खौल गया। उसके चेहरे पर न शर्मिंदगी थी, न अपराधबोध के निशान। अगर कुछ था तो सफल होने का दर्प। सोहैब इल्यासी को भी आख़िर ज़मानत पर रिहा कर दिया गया।

अंजू की माँ और बहन भी इस लड़ाई में थोड़ी दूर तक ही शामिल हुईं, फिर थककर बैठ गईं—यह सोचकर कि उनकी लड़ाई मृत अंजू को तो वापस ला नहीं पाएगी। इस तरह हज़ारों घटनाएँ समय की चादर के नीचे एहतियात से दफ़न कर दी जाती हैं। न कोई सवाल उठाया जाता है, न कोई आपत्ति दर्ज होती है। नयना साहनी कांड में अंजू सोहैब इल्यासी कांड जुड़ गया और तब मैंने इसे फिर से लिखा।

आज के समय में जब लड़कियाँ भी अपनी शिक्षा, अपने कैरियर को महत्त्व देने लगी हैं, सामंती संस्कारों वाले उनके पति उनकी प्रतिभा को कुचलकर किस तरह पीछे धकेलने में जी-जान से जुट जाते हैं, इसे एक लड़की और उसे जन्म देने वाली माँ से ज़्यादा कौन समझ सकता है? यह एक ऐसा दर्द है, जिसे माँ से ज़्यादा और कोई महसूस नहीं कर सकता। पर अपनी तीसरी बेटी को चिता की आग देते हुए भी उसका हौसला पस्त नहीं होता और वह यही असीसती है कि तुझे तो फिर-फिर बनना है औरत...

बड़ी हत्या, छोटी हत्या

माँ की कोख से बाहर आते ही, जैसे ही नवजात बच्चे के रोने की आवाज़ आई, सास ने दाई का मुँह देखा और एक ओर को सिर हिलाया, जैसे पूछती हो–'क्या हुआ? ख़बर अच्छी या बुरी।'

दाई ने सिर झुका लिया–'छोरी।'

अब दाई ने सिर को हल्का-सा झटका दे आँख के इशारे से पूछा–'काय करूँ?'

सास ने चिलम सरकाई और बँधी मुट्ठी के अँगूठे को नीचे झटके से फेंककर मुट्ठी खोलकर हथेली से बुहारने का इशारा कर दिया–'दाब दे!'

दाई फिर भी खड़ी रही। हिली नहीं।

सास ने दबी, लेकिन तीखी आवाज़ में कहा–'सुण्यो कोनी?'

दाई ने मायूसी दिखाई–'भोर से दो को साफ़ कर आई, ये तीज्जी है, पाप लाग-सी।'

सास की आँख में अंगारे कौंधे–'जैसा बोला कर। बीस बरस पाल-पोस के आधा घर बाँध के देवेंगे, फिर भी सासरे दाँण दहेज़ में सौ नुक़्स निकालेंगे और आधा टिन मिट्टी का तेल डाल के फूँक आएँगे। उस मोठे जंजाल से यो छोटा गुनाह भलो।'

दाई बेमन से भीतर चल दी। कुछ पलों बाद बच्चे के रोने का स्वर बंद हो गया।

बाहर निकलकर दाई जाते-जाते बोली–'बीनणी णे बोल आई, मरी छोरी जणमी! बीनणी ने सुण्यो तो गहरी मोठी थकी साँस ले के चद्दर ताण ली।' सास के हाथ से दाई ने नोट लेकर मुट्ठी में दाबे और टेंट में खोंसते नोटों का हल्का वज़न मापते बोली–'बस्स?'

सास ने माथे की त्योरियाँ सीधी कर कहा–'तेरे भाग में आधे दिन में तीन छोरियों को तारने का जोग लिख्यो था तो इसमें मेरा क्या दोष?' सास ने उँगली आसमान की ओर उठाकर कहा–'सिरजनहार णे पूछ। छोरे गढ़ाई का साँचा कहीं रख के भूल गया क्या?' और पानदान खोलकर मुँह में पान की गिलौरी गाल के एक कोने में दबा ली।

कन्या भ्रूण-हत्या के कारण कहाँ छिपे हैं?

''आपके कितने बच्चे हैं?'' रेलगाड़ी की यात्रा करते समय एक महिला ने मुझसे पूछा।

''मेरी दो बेटियाँ हैं।'' मैंने गर्व से उत्तर दिया।

''बच्चे कितने हैं?'' महिला ने सवाल को सपाट लहज़े में दुहरा दिया।

मुझे लगा, वह कान से थोड़ा ऊँचा सुनती है।

मुस्कराकर ऊँचे स्वर में मैंने कहा–''दो बेटियाँ हैं मेरी।''

''और बच्चा कोई नहीं?''

मैं मुँह बाए देखती रही।

''और टाबरो कोनी?'' उसने तरस खाती निगाहों से मेरी ओर देखा।

अब मुझे समझ में आया कि बच्चे से उसका मतलब बेटे से था। इसके बाद दो-तीन बार और लगभग ऐसे ही संवाद अलग-अलग जगहों पर अलग-अलग माहौल में दोहराए गए।

मुंबई में एक कन्नड़भाषी औरत मेरे घर पर काम करने के लिए आई।

जानकारी के तहत मैंने उससे पूछा–''तुम्हारे कितने बच्चे हैं?''

बोली–''बच्चा नहीं है।''

उसकी सिंदूर से लबालब भरी माँग और उसकी चालीस के आसपास जाती उम्र भाँपकर पूछना चाहा कि शादी को कितने साल हो गए कि तभी मेरे पूछने से पहले ही छूटे हुए वाक्य का सिरा पकड़ाते हुए बोली–'तीन लड़की है मेरे को, बच्चा कोई नहीं।'

मैंने फ़ौरन कहा–'लड़कियाँ क्या बच्चा नहीं हैं। ऐसे नहीं कहना चाहिए।'

उसने कहा–'बच्चा मतलब लड़का ही होता है। लड़की नहीं।' आगे उसका संवाद जारी रहा–'तीन लड़की पयदा हुआ तो आदमी बहुत ग़ुस्सा किया मेरे कू।' बोला–'लड़की माने कितना खर्चा करना पड़ता सादी पर। दो का सादी बनाया।

बड़ा बेटी को एक लड़का, एक लड़की। छोटा को एक लड़का। दोनों को बच्चा है। एक छोटा लड़की का सादी करना बाक़ी।'

बेटियों से वंश नहीं बढ़ता, बेटियाँ पराया धन है, बेटियों को दान-दहेज़ देना पड़ता है, बेटियाँ गले में पड़ा पत्थर हैं, इसलिए राजस्थान, उत्तरप्रदेश, मध्यप्रदेश से लेकर कर्नाटक और आंध्रप्रदेश के कई क़स्बों में बेटियों का होना बच्चे होने में शुमार नहीं होता।

बेटा और बेटी के जन्म को भारतीय व्यापारी वर्ग तो नफ़ा-नुक़सान के अर्थ में देखता ही है, मध्यवर्गीय परिवार भी अपनी संतान में लड़के का शुमार हुए बिना परिवार को पूरा नहीं मानता। इसलिए एक परिवार में चार या पाँच बेटों का होना तो स्वीकार्य होता है पर एक के बाद दूसरी बेटी का स्वागत नहीं किया जाता।

आज स्थिति यह है कि बेटियों को पैदा होने ही नहीं दिया जाता। कई गाँवों में तो यह शान से कहा जाता है कि हमारे गाँव में बरात आती नहीं, जाती है। वहाँ बेटी के पैदा होते ही कहीं उसके मुँह में नमक ठूँसकर तो कहीं उसकी नाल से ही गला घोंटकर, कहीं कीटनाशक दवा पिलाकर तो कहीं टब में भरे पानी में डुबाकर, कहीं गले में मटका बाँधकर नदी में बहाकर तो कहीं ठंड के दिनों में बाहर खुले में छोड़कर, कहीं कूड़ेदान में फेंककर तो कहीं स्तन में ज़हर लगाकर दूध पिलाकर उन्हें पैदा होते ही मौत की नींद सुला दिया गया है।

भारतीय समाज में सदियों से 'दूधो नहाओ, पूतो फलो' या 'पुत्रवती भव' जैसे आशीर्वचन और पुत्र प्राप्ति और पुत्रों के स्वास्थ्य और सुरक्षा के लिए किए गए व्रत-अनुष्ठान भी परिवार में पुत्र की वरीयता को ही प्रतिष्ठापित करते हैं। अस्सी के दशक में सोनोग्राफ़ी का इस्तेमाल जब गर्भवती महिलाओं को उपलब्ध करवाया गया तो इसका उद्देश्य गर्भ में पल रहे भ्रूण का समुचित विकास देखना, उसकी सेहत और स्थिति की सही जाँच (मॉनिटरिंग) करना था, ताकि शिशु के जन्म के समय प्रसूति के दौरान महिला की सही देखभाल हो सके पर इस गर्भ निरीक्षक यंत्र का उपयोग गर्भ निर्धारण और अनचाहे भ्रूण को अपदस्थ करने के लिए किया जाने लगा। महाराष्ट्र सरकार ने 1987 में कन्या भ्रूण हत्या पर रोक लगाने के लिए गर्भ परीक्षण क़ानून पारित किया था—जब गाज़ियाबाद और लुधियाना के डॉक्टरों के घर के सामने बने कुओं से सैकड़ों कन्या भ्रूण निकाले गए थे।

इसका कारण समाज में लड़कियों को लड़कों के बरक्स छोटा करके देखा जाना है। एक सामान्य मध्यवर्गीय परिवार में शादी के समय लड़की को दिया जाने वाला

दहेज़ औसत आय वाले पिता के गले की फाँस बनकर रह जाता है। समृद्ध पिता की संपत्ति में भी भाई अपनी बहन को पैतृक संपत्ति में हिस्सा देना नहीं चाहते। दहेज़ के चलते अनगिनत लड़कियों को जलाकर मार डाला जाता है। लड़की के ससुराल में उससे जैसा सुलूक किया जाता है, उसे देखते हुए बहुत से दंपती बेटी पैदा ही नहीं करना चाहते।

आज स्थितियाँ बदली हैं। लड़कियों को अगर पढ़ने का सही मौक़ा और अनुकूल वातावरण दिया जाए तो वे लड़कों से कहीं ज़्यादा ज़हीन और ज़िम्मेदार साबित होती हैं। जो गर्भ में लड़की देखकर भ्रूण हत्या करवा लेते हैं और उन्हें दुनिया में आने ही नहीं देते–यह सोचकर कि वह उन्हें बड़ी हत्या से बचाने के लिए की गई छोटी हत्या है, उन्हें नहीं मालूम कि वे क्या खो रहे हैं, कि बेटियाँ कितनी बड़ी नियामत हैं। ज़हीन और नायाब बेटियाँ सिर्फ़ ख़ुशक़िस्मत माँ-बाप को ही नसीब होती है। क्या बेटों और बेटियों के अभिभावक यह नहीं जानते कि बेटियाँ अपने माँ-बाप के प्रति कितना गहरा सरोकार रखती हैं और उनकी किसी भी तकलीफ़ में कैसे आगे बढ़कर उनका हाथ थामती हैं, बुढ़ापे में लाठी बनने वाली ज़्यादातर बेटियाँ ही होती हैं, बेटों के मुक़ाबले किसी भी तरह बेटियाँ कम ज़िम्मेदार नहीं होतीं।

[खंड : दो]

मानसिक प्रताड़ना के ख़िलाफ़

अगर हम कारणों की तह तक जायें तो सारा असामंजस्य और असंतुलन हमारी सामाजिक व्यवस्था का है, जिसके तहत पुरुष स्वयं भी उस सामाजिक व्यवस्था, परंपरागत सोच और रूढ़िग्रस्त संस्कारों का शिकार (विक्टिम) है जो बचपन से उसकी शारीरिक संरचना में, उसके सिस्टम में इस क़दर पैठ गया है कि वह चाहकर भी इससे छुटकारा नहीं पा सकता। पुरुष अपनी वर्चस्ववादी भूमिका से बाहर आकर सोच ही नहीं पाता और अंततः अपने और अपने परिवार के लिये ऐसा त्रासद माहौल खड़ा कर देता है जो ध्वंस की ओर ही ले जाता है।

आलेख

जिसके निशान नहीं दीखते... यानी मानसिक प्रताड़ना के ख़िलाफ़

उम्र बासठ वर्ष। एक सामान्य गृहिणी। नाम–तृषा। वैसे नाम से क्या .फ़र्क़ पड़ता है। .फ़र्क़ इस बात से ज़रूर पड़ता है कि मैं संगीत विशारद हूँ। शादी से पहले मैं अपने शहर के एक प्रतिष्ठित कॉलेज में संगीत शिक्षक थी। पर शादी के बाद चार साल में दो बच्चे हुए और बच्चों को आया के सुपुर्द न कर, उनकी ख़ुद परवरिश के लिए मैंने नौकरी छोड़ दी। पति भी यही चाहते थे। मैं स्टेज सिंगर से बाथरूम सिंगर बनकर रह गई।

मेरे पति हमेशा बिना किसी कारण, बिना किसी मुद्दे के हर वक़्त मुझ पर गरजते-बरसते रहते। कई बार मेरी आँखों में आँसू आ जाते। एक दिन जब मैं उनके द.फ़्तर जाने के बाद एक कोने में बैठी सुबक रही थी, मेरे बेटे ने कहा–''माँ आप क्यों रो रही है? पापा आपको मारते तो नहीं हैं न!'' मैं सन्न! आठ साल का बच्चा अपने पापा की चीख़-चिल्लाहट को जायज़ ठहरा रहा था, सि.फ़ी इसलिए कि वह हाथ नहीं उठाते। बाद में पता चला कि उसके सबसे गहरे दोस्त के पिता अक्सर अपनी पत्नी को हमेशा पीटते थे। इसलिए उसके पापा अगर सि.फ़ी चिल्लाते हैं, उसके फ्रेंड के पिता की तरह हाथ नहीं उठाते तो कोई बात नहीं।

मुझे हाई बी. पी. (उच्च रक्तचाप) थायरॉयड और पेट में अल्सर रहने लगा। मुझे लग रहा था–मेरे भीतर धीरे-धीरे कुछ मर रहा है। 45 साल की उम्र में मुझमें गाने की इच्छा ज़ोर पकड़ने लगी। मैंने तानपूरा की तारें बदलवाईं और रियाज़ करना शुरू कर दिया। एक दिन, गुस्से में आकर मेरे पति ने मेरा तानपूरा तोड़ दिया और चिल्लाकर बोले–यह क्या खटराग अलाप रही हो। मेरे जिन रागों पर मुग्ध होकर उन्होंने मुझसे शादी की थी, वह उन्हें अब खटराग लग रहे थे।

अब पिछले तीन साल से मैं अकेली हूँ, ख़ुश हूँ और अपने संगीत के साथ हूँ। जिसे मैंने घर सँवारने-सहेजने और बच्चों को बड़ा करने की यात्रा में खो दिया था। मेरे दोनों बेटे मुझे अपनी पहचान फिर से क़ायम करने में पूरी तरह सहयोग दे रहे हैं। मैं घर में लड़कियों को संगीत की शिक्षा देती हूँ! काश! मैंने पहले ही अपने अस्तित्व की पहचान की होती पर 'देर आयद, दुरुस्त आयद'।

घरेलू मध्यवर्गीय महिलाओं के लिए आयोजित एक कार्यशाला में—मैंने 1995 में लिखा एक परचा पढ़ा था जिसका शीर्षक था—"आक्रामकता के ख़िलाफ़—एक आम औरत की आवाज़"। परचा समाप्त होने पर उस पर चर्चा शुरू हुई तो एक महिला ने कहा कि आप अपने परचे का वह पैराग्राफ़ फिर से पढ़िए जिसमें सूक्ष्म प्रताड़ना की बात कही गई है। वह पैराग्राफ़ यह था—

"हिंसा का एक बेहद सूक्ष्म प्रकार है जिसे मानसिक प्रताड़ना कहा जा सकता है। एक पुरुष पति कुछेक बरस साथ रहने के बाद यह सूँघ लेता है कि वह किस 'जाति' या 'क़िस्म' की औरत के साथ है। वह जानता है कि अपनी पत्नी को सज़ा देने का सबसे बेहतरीन तरीक़ा या नुस्ख़ा क्या है। उसे कितने नुकीले या कितने भोथरे औज़ार किस तरह से इस्तेमाल करने है। वह जानता है कि अपनी पत्नी पर शारीरिक बल का इस्तेमाल कर या उसे चाँटा मारकर वह उतनी तकलीफ़ नहीं पहुँचा सकता, जितनी उसकी उपेक्षा या अवहेलना कर। वह अपनी संभ्रांतता का मुखौटा 'इन्टैक्ट' रखकर एक साधुनुमा तटस्थता अपना लेता है। वह अपने ही घर में इस तरह रहता है, जैसे उस घर में बच्चे हैं, बुजुर्ग हैं, नौकर-चाकर है, आने-जानेवाले मेहमान हैं, नहीं है तो सिर्फ़ उसकी पत्नी। पत्नी की 'उपस्थिति' या उसके 'अस्तित्व' को पूरी तरह योजनाबद्ध तरीक़े से नकारता हुआ वह अपनी पत्नी को अवहेलना के धीमे ज़हर से ख़त्म करना चाहता है। 'संवादहीनता' की स्थिति से पैदा हुई इस—'स्लो डेथ' को जब तक पत्नी पहचानने की कोशिश करती है, वह भीतर से पूरी तरह टूट चुकी होती है। बहरहाल, बाहर से देखने पर यह एक हद तक आकारहीन स्थिति लग सकती है और इसे वही औरतें बख़ूबी समझ सकती हैं, जिन्होंने इस 'धीमी मौत' को अपने भीतर घटते हुए देखा है, पहचाना है।"

महिला संगठनों के कार्यालय में होने वाली यौन हिंसा (सेक्सुअल वॉयलेंस) की बात होती है। घरेलू हिंसा में शारीरिक, लैंगिक, आर्थिक, शाब्दिक हिंसा तथा वैवाहिक बलात्कार (मैरिटल रेप) आदि सभी का जायज़ा लिया जाता है। इन सलाहकार केंद्रों में मानसिक हिंसा को रेखांकित नहीं किया जाता क्योंकि बाक़ी सब यातना के बहुत स्थूल प्रकार हैं और उन्हें पहचानना आसान है। पंद्रह सालों की

काउंसिलिंग के दौरान हमारे संगठन में मानसिक प्रताड़ना का एक भी मामला दर्ज नहीं हुआ। जबकि एक औरत के लिए ज़्यादा तकलीफ़देह, लाइलाज और असमंजस वाली स्थिति मानसिक प्रताड़ना है, जिसका ज़िक्र तक नहीं किया जाता। शरीर पर लाल-नीले निशान या होंठों पर या आँखों के नीचे कटा हुआ घाव तो किसी मरहम या दवा से आख़िर ठीक हो ही जाता है, पर शाब्दिक तिरस्कार, उलाहने, व्यंग्यबाण चलाकर या संवादहीनता और निरंतर उपेक्षा से की गई चोट जैसा घाव मन पर बनाती है, वह शरीर पर हुए घाव से ज़्यादा गहरा होता है। इस अदृश्य चोट को भरने में कहीं ज़्यादा वक़्त लग जाता है।

अपने साथी की निर्मम चुप्पी और सायास संवादहीनता भी हिंसा का ही एक प्रकार है और चूँकि शरीर पर इसके निशान दिखाई भी नहीं देते इसलिए यह भीतर ही भीतर देह को अमूर्त बीमारियों से लैस कर देती है। पति की मारक चुप्पी या चीख़-चिल्लाहट हमें शिकायत करने के लिए पर्याप्त कारण नहीं लगते। ऐसी अमूर्त तकलीफ़ें हमारे सरोकार का मुद्दा इसलिए नहीं बनतीं क्योंकि मानसिक यातना की शिकार औरत जब ख़ुद ही मरते दम तक इसकी शिनाख़्त नहीं कर पाती तो उसके बिना कहे कोई दूसरा व्यक्ति उसके मन के भीतर चलते ऊहापोह को कैसे पहचान सकता है।

जहाँ शारीरिक हिंसा निम्न और निम्न-मध्य वर्ग की औरतों की समस्या है, मानसिक यातना उच्च-मध्य वर्ग और सुसंस्कृत, आभिजात्य, शालीन दिखने वाले प्रगतिशील वर्ग का हथियार है। निम्न और निम्न-मध्य वर्ग का पुरुष इतना शातिर और समझदार नहीं होता। वह ग़ुस्सा आते ही आगा-पीछा नहीं देखता और झट से हाथ उठाकर हिंसक हो जाता है। इस हिंसा के निशान शरीर पर दिखते हैं, इसलिए इसे लेकर निर्णय लेना आसान हो जाता है।

सामाजिक, मनोवैज्ञानिक और परिवेशगत कारण

यह नामालूम और सूक्ष्म क़िस्म की मानसिक प्रताड़ना आमतौर पर आर्थिक रूप से संपन्न, संभ्रांत, आभिजात्य पुरुष या फिर सामाजिक फलक पर प्रतिष्ठा प्राप्त बुद्धिजीवी पुरुष देते हैं।

भारतीय समाज में बेटों को शुरू से ही बेटियों की अपेक्षा ऊँचा दर्जा दिया गया है। विरासत में ऐसे संस्कार और ऐसा वर्चस्ववादी दृष्टिकोण लेकर जब वह कार्यक्षेत्र में उतरता है तो कई बार उसे अपने मन-मुताबिक़ रुतबा नहीं मिलता। वह जिस शासन और नियंत्रण की स्थिति में स्वयं को देखना चाहता है, कार्यक्षेत्र में उसे न पाकर उसकी भरपाई वह घर के कार्यकलाप पर अपने शासन से करता है।

इसके ठीक विपरीत एक दूसरी स्थिति भी संभव है–जब वह अपने कार्यक्षेत्र में एक अफ़सरी ओहदे पर अपने को प्रतिष्ठापित कर लेता है और ख़ास क़िस्म की जी-हुज़ूरी और चापलूसी का अभ्यस्त हो जाता है। घर लौटने के बाद भी कुर्सी का वह प्रभामंडल उसका पीछा नहीं छोड़ता और अपनी पत्नी को भी वह अपने नीचे काम करने वाले एक मातहत की तरह दुत्कारता चलता है। चूँकि वह घर के लिए अर्थ कमा कर लाता है इसलिए इसे वह अपना हक़ मानने के साथ-साथ यह भी समझने लगता है कि उसकी पत्नी, वह अनपढ़-गँवार हो या पढ़ी-लिखी कामकाजी, ऐसा ही सुलूक डिजर्व करती है। उसे अपने व्यवहार में कहीं कोई गड़बड़ी, कोई अस्वाभाविकता महसूस नहीं होती। अपनी महानता से आक्रांत यह संपन्न, संभ्रांत पुरुष जीवन भर अपनी पत्नी को अपने कर्णभेदी शब्द-बाणों से या संवादहीनता की उपेक्षा से बेधता है और उसके व्यक्तित्व की किरचें बिखेरकर एक त्रासजन्य आनंद (सैडिस्टिक प्लेज़र) पाता है।

अपवाद हर जगह हो सकते हैं पर अमूमन होता यह है कि तकनीकी या प्रबंधन की उच्च शिक्षाप्राप्त, आभिजात्य घरों से आए इस श्रेणी के लड़के किसी इज़्ज़तदार, प्रतिष्ठित घराने की ज़हीन, देखने में आकर्षक, कलाकार लड़की से सगर्व शादी करना चाहते हैं पर सारी मशक़्क़त सिर्फ़ उसे हासिल करने तक ही सीमित होकर रह जाती है। एक बार वह लड़की 'घर की मुर्ग़ी' बन गई तो उसकी क़ीमत 'दाल बराबर' भी नहीं रह जाती बल्कि यह समझदार ऊँचे रुतबे का पति शादी का शुरुआती जज़्बा ठंडा होते ही अपनी पत्नी की कलात्मक अभिरुचि और सृजनात्मकता को न पहचानकर, शातिर तरीक़े से उसकी नफ़ासत और रचनात्मकता को तहस-नहस कर उसका मुख्य स्पेस रसोईघर को बना देता है। एक बार पत्नी 'ख़ास' प्रतिभावान कलाकार से 'आम' व्यक्तित्व विहीन गृहिणी बन गई तो उसे यह भी सलीक़े से जता दिया जाता है कि उससे शादी कर उसके अफ़सर पति ने उस पर एहसान किया है। इसके बाद उस 'आम' व्यक्तित्वविहीन औरत से एक असंपृक्त रिश्ता क़ायम रख धीमी मौत की ओर उसे धकेला जाता है। भारतीय समाज में सैकड़ों महिला कलाकारों के उदाहरण हैं, जिनके पतियों ने उनकी कला पर रीझकर उनसे शादी का प्रस्ताव रखा और शादी के बाद उनकी कला से ही उन्हें परहेज़ होने लगा। विख्यात नर्तकी सोनल मानसिंह, दमयंती जोशी जैसी कई महिला कलाकार हैं जो अंततः अपनी कला के प्रति समर्पण और सरोकार के लिए विवाह बंधन से बाहर निकल आईं। अधिकांश ऐसी हैं, जिन्होंने ख़ुद अपनी कला और प्रतिभा को घर-गृहस्थी और बच्चों की देख-सँभाल में होम कर दिया। उन्होंने अपने होने की सार्थकता ताउम्र अपने पति की तरक़्क़ी और बच्चों के पढ़-लिखकर ऊँचे ओहदों तक पहुँचने में ही समझी और अपनी रचनात्मक कला और प्रतिभा को दरकिनार कर उस ओर कभी मुड़कर नहीं देखा। घर की तथाकथित

मालकिन की अपनी पहचान बिलाने की क़ीमत पर अक्सर घर-परिवार बने और बचे रह जाते हैं।

आमतौर पर इस तरह के दंपती बाहर से बेहद सुखी और संतुष्ट दिखाई देते हैं क्योंकि न सिर्फ़ हिंदुस्तान बल्कि विदेशों में भी अपेक्षाकृत परंपरागत-कंज़रवेटिव-संस्कार लेकर आने वाली पत्नियाँ धीरे-धीरे हर तरह के माहौल की अभ्यस्त होकर जीना सीख जाती हैं। एक औरत इस अनुकूलन-कंडीशनिंग-की इस क़दर आदी हो जाती है कि घर के नौकरों-काम करने वालों के सामने-भी जब उसे डाँट-डपटकर उसके आत्मविश्वास को खंडित कर उसे ज़लील किया जाता है, तो भी वह घर में अपनी इस उपेक्षित और दोयम स्थिति को न तो कोई नाम दे पाती है, न इसे यातना का एक प्रकार समझने में समर्थ हो पाती है।

पुरुष के कार्यक्षेत्र का बड़ा स्पेस और औरत की रसोई

तालमेल बिठाकर रहना ही एकमात्र विकल्प है इसलिए वह अपनी इस बारीक़ अनचीन्ही तकलीफ़ का सामना करने से कतराती है, उसे बाहर आने से रोकती है और चूँकि पढ़ी-लिखी और समझदार है इसलिए इससे अपने तईं जूझती है और अपने भीतर ही इससे मुठभेड़ कर इसे 'ठीक' कर लेना चाहती है और फिर भी अगर सुलझा न पाए तो अपने पति के सामने 'जो हुक्म मेरे आका' वाला रवैया अपना लेती है क्योंकि उसे लगता है कि पति हर बार सही होता है और वह ग़लत। पति के कार्यक्षेत्र का बड़ा स्पेस उसे आतंकित करता है और अपने छोटे-से घर की छोटी-सी रसोई उसके अपने व्यक्तित्व को भी उतना ही छोटा बनाने में कामयाब हो जाती है। जब स्वयं औरत ही अपनी इस स्थिति से वाक़िफ़ नहीं हो पाती तो वह इस अमूर्त सी दिखने वाली तकलीफ़ का कैसे और किसके सामने बयान करे!

ऐसे पति के साथ एक लंबा समय बिताते हुए न सिर्फ़ वह इस उपेक्षा की आदी हो जाती है और उसका आत्मविश्वास तहस-नहस हो ताता है बल्कि वह अपने भीतर यह मानने लग जाती है कि उसमें निश्चित रूप से किसी ऐसे गुण की कमी है, जिसकी वजह से अपने पति की अपेक्षाओं पर वह खरी नहीं उतर पाती। अपने में कमी के इसी स्वीकार के चलते कई बार औरतें अपने पति के दूसरे विवाहेतर संबंधों को अनचाहे भी झेल लेती हैं और विवाहेतर संबंधों में पति के एक लंबे अरसे तक उलझे रहने के बावजूद पति के अपने ठीए पर लौट आने पर बाँहें फैलाकर वे उसे समेट लेती हैं। गाँव-क़स्बे की अनपढ़ औरतों से लेकर प्रबुद्ध वर्ग की कामकाजी औरतों तक में 'सुबह के भूले-भटके' पति के 'शाम ढले घर लौट आने' की स्थिति को स्वीकृति दिए जाने के बेशुमार उदाहरण मौजूद हैं।

कभी कोई औरत पति के तीखे स्वभाव या निरंकुश आचरण के प्रति अगर अपना प्रतिरोध जताती भी है तो औरत को परेशान देखकर घर-परिवार के लोग भी समझ नहीं पाते और यही कहते हैं कि आख़िर ऐसा उसने किया ही क्या है या क्यों राई का पहाड़ बनाया जा रहा है! पति चूँकि मारपीट नहीं करता इसलिए अपनी निगाह में भी वह एक बेहद शालीन, सभ्य, सुसंस्कृत इंसान है जिसके व्यवहार में कहीं कोई असामान्यता उसे भी अपने आपमें दिखाई नहीं देती।

शारीरिक हिंसा और मानसिक प्रताड़ना में एक बड़ा फ़र्क़ यह है कि शराब के नशे में या शराब के नशे के बहाने से जब एक पति अपनी पत्नी को रात के अँधेरे में पीटता है, दूसरी सुबह नशा उतरने के बाद हिंसा के आफ्टर इफेक्ट्स की गंभीरता जानने-समझने के बाद ही अनजाने में ही उसका विवेक यह तय कर लेता है कि उसे पत्नी के शरीर पर अपने लात-घूँसों के नीले-काले निशानों के एवज में उसके पैर पकड़कर रो-धोकर माफ़ी माँगनी है या जूते या चप्पल पहनकर पत्नी को फिर से दुत्कारते हुए अपने काम पर बाहर निकल जाना है।

मानसिक प्रताड़ना में स्थिति बिल्कुल अलग होती है। चूँकि पति पत्नी पर हाथ नहीं उठाता और उसके शरीर पर चोट के कोई निशान नहीं छोड़ता, इसलिए उसकी आत्मा पर कोई बोझ भी नहीं रहता। वह जीवन भर इसे महसूस ही नहीं कर पाता कि वह कुछ ग़लत कर रहा है। ऐसे पतियों के शब्दकोश में माफ़ी या क्षमा जैसे शब्द का अस्तित्व ही नहीं होता। पढ़े-लिखे, प्रगतिशील, प्रबुद्ध वर्ग में यह स्थिति ज़्यादा है। पत्नी को चाँटा मारना या गाली-गलौज करना, हाथ मरोड़ देना हिंसा में गिना जाएगा इसलिए एक शालीन, संभ्रांत पति ग़लती से भी ऐसी क्रियाएँ नहीं करता, वह इनसे बेहतर अदृश्य लेकिन पैने औज़ारों का इस्तेमाल करता है-जिसमें संवादहीनता या चुप्पी की हिंसा प्रमुख है।

ऐसे पुरुष दोहरी छवि रखते हैं। एक वह, जो उनकी सार्वजनिक छवि है जिसमें वे बेहद ख़ुशमिज़ाज, ज़िंदादिल, मिलनसार, बेलौस ठहाके लगाने वाले इन्सान दिखाई देते हैं। आपका पति आपसे बात नहीं करता जबकि अपने अन्य स्त्री या पुरुष मित्रों के बीच वह अपने उन्मुक्त, मिलनसार और ज़िंदादिल स्वभाव के लिए ख़ूब सराहा जाता है। उसका जो चेहरा घर की चहारदीवारी के भीतर है, वह इस बाहरी चेहरे से काफ़ी अलग है, इसलिए पत्नी हमेशा एक दुविधा की स्थिति में रहती है क्योंकि वह एक साथ एक ही व्यक्ति के अलग-अलग दो चेहरों से जूझ रही है। सार्वजनिक स्थलों पर जाते ही या घर में क़रीबी मित्रों के बीच वह पति की ज़िंदादिली से भरपूर शालीन छवि के साथ पूरी तरह तालमेल बिठाते हुए ख़ुद भी मुस्कुराती है।

दूसरी छवि घर के अंदर अपने कमरे या पढ़ने की मेज़ पर झुका हुआ एक चुप्पा, घुन्ना और लापरवाह आत्मकेंद्रित व्यक्ति है–जिसमें कोई सरसता–तरलता नहीं, जिसका घर के सदस्यों से कोई संवाद नहीं, जिसे देखकर घर–परिवार के सदस्य या उसके मातहत काम करने वाले लोग दहशत में आ जाते हैं और स्वीकार कर लेते हैं कि बाहरी सामाजिक–सांस्कृतिक परिदृश्य का यह जाना–माना व्यक्तित्व उनके सामान्य पारिवारिक आकार से कहीं बड़ा, विराट्–विशाल और उनकी पहुँच से बाहर है। अगर वह अपने किसी दफ़्तरी काम या लेखन में जुटा है और इस बीच उसकी पत्नी चाय का ख़ाली जूठा कप, जिस पर मक्खी भिनभिना रही है, उसकी मेज़ से उठा लेती है या उसके छोटे बच्चों की गेंद खेल–खेल में उसके कमरे की दीवार पर टकरा जाती है तो वह क़लम काग़ज़ छोड़कर आसमान सिर पर उठा लेता है बग़ैर यह सोचे कि घर जितना उसका है, उतना ही उसकी पत्नी या बच्चों का भी...और यही बात वह प्यार से, बिना सप्तम सुर में अलाप कर आराम से भी समझा सकता है।

आपके पति अगर चुप रहते हैं, आपसे कुछ शेयर नहीं करते, आपकी ओर देखते तक नहीं, इसमें असामान्य क्या है? आप पर हाथ तो नहीं उठाते, मारते–पीटते नहीं, आपके शरीर पर लाल–नीले निशान नहीं छोड़ते, इसकी शिकायत में आप क्या कहेंगे? इसका आप एफ.आई.आर दर्ज नहीं करवा सकते, क्योंकि बात न करना, चुप रहना, उपेक्षा करना कोई अपराध नहीं है। इसे अगर मैं चुप्पी की हिंसा–वॉयलेंस ऑफ़ सायलेंस–की संज्ञा दूँ तो इसे हँसी में उड़ा दिया जाएगा या कहा जाएगा कि इन नारीवादी औरतों का दिमाग़ ख़राब हो गया है। इन्हें उठते–बैठते हर जगह हिंसा ही दिखाई देती है।

वरिष्ठ लेखिका मन्नू भंडारी ने भी अपनी आत्मकथा में अपने प्रतिष्ठित लेखक पति के बारे में लिखा है–"यों तो हर व्यक्ति के भीतरी और बाहरी दो रूप होते हैं लेकिन किसी के व्यक्तित्व के इन दो रूपों में बहुत फ़ासला होता है–इतना कि अगर दोनों को सामने रख दिया जाए तो आप पहचान भी न सकें कि ये एक ही व्यक्ति के दो रूप हैं।...मैं नहीं जानती कि कितने लोग अपने इन दो रूपों के प्रति सचेत भी होते हैं। राजेंद्र को तो जैसे इसका ऑब्सेशन जैसा है। कारण भी साफ़ है, क्योंकि इनके दोनों रूपों में इतना अंतर है कि इनके बाहरी रूप को जानने वाले कभी विश्वास ही नहीं करेंगे कि इनके बहुत भीतरी व्यक्तित्व का एक ऐसा भी हिस्सा है जो बहुत निर्मम, कठोर और अमानवीयता को छूने की हद तक क्रूर भी रहा है और इसकी मार झेली है उन लोगों ने जो बहुत अंतरंग होकर उनके प्यार की सीमा में होने का भ्रम पालते रहे। वास्तव में राजेंद्र के प्यार और अंतरंगता की सीमा में कोई हो भी नहीं सकता, सिवाय ख़ुद राजेंद्र के, क्योंकि किसी को भी

प्यार की सीमा में लेते ही अधिकार की बात आ जाती है, जो राजेंद्र किसी को दे नहीं सकते...समर्पण की बात आ जाती है, जो राजेंद्र कर नहीं सकते। हक़ीक़त तो यह है कि आत्म-केंद्रित और आत्मतोष के खोजी राजेंद्र ने ज़िंदगी में न अपने सिवाय किसी को प्यार किया, न कर सकते हैं, वरना राजेंद्र जैसा विवेकवान और संवेदनशील व्यक्ति क्या इस बात को भी नहीं जानेगा कि प्यार का विस्तार ही तो अधिकार है...प्यार की परिपूर्णता ही तो है समर्पण! इनसे परहेज़ करके क्या प्यार किया जा सकता है?''

–'एक कहानी यह भी', पृष्ठ 206

व्यक्ति की अपने प्रति घोर आसक्ति और अपने से जुड़े लोगों के प्रति अनासक्ति और अमानवीय आचरण को मनोवैज्ञानिक शब्दावली में आत्ममुग्ध व्यक्तित्व का असंतुलन–नारसिस्टिक पर्सेनेलेटी डिसऑर्डर (Narcissistic Personality Disorder) कहा जाता है, जहाँ व्यक्ति अपने अतिरिक्त किसी दूसरे की भावनाओं और व्यवहार का विश्लेषण करने में असमर्थ रहता है क्योंकि उसकी अपनी आत्ममुग्धता-उसकी विस्तृत सोच और भावनात्मक विश्लेषण के दरवाज़े बंद कर देती है। अधिकांश कलाकार रचनाकार पति व्यक्तित्व के इस पहलू से आक्रांत होते हुए भी इससे अनजान रहते हैं। मन्नू भंडारी ने अपनी किताब 'एक कहानी यह भी' में जब यह पंक्ति लिखी थी-''आत्म-केंद्रित और आत्मतोष के खोजी राजेंद्र ने ज़िंदगी में न अपने सिवाय किसी को प्यार किया, न कर सकते हैं''–उन्हें इस मनोवैज्ञानिक शब्दावली का कोई इल्म नहीं था।

तनावजनित व्याधियाँ

इस तरह के अनचीन्हे मानसिक तनाव (unidentified stress) शारीरिक बीमारियों को जन्म देते हैं। हर शरीर का जो अंग कमज़ोर होता है, वह इस तनाव से अवसादग्रस्त हो जाता है। कुछ औरतों की दमे की बीमारी ज़ोर पकड़ लेती है। अपच और एसिडिटी जैसी पाचनक्रिया से संबंधित बीमारियाँ फ़ौरन शरीर को अशक्त बना देती हैं। पाइल्स, पेट में अल्सर, साइनस, माइग्रेन–सभी बीमारियाँ शरीर में एड्रिनल ग्रंथि के नकारात्मक रिसाव से पैदा होती हैं और यह क्रिया सीधे मानसिक अस्त-व्यस्तता और तनाव से जुड़ी हुई है।

इस तनावग्रस्त स्थिति का एक और परिणाम है जिसे घर की चहारदीवारी में सिमटी हुई अनगिनत प्रतिभावान औरतें महसूस करती हैं। घर में खिड़कियाँ, दरवाज़े खुले होने के बावजूद औरत एकाएक घुटन–सफोकेशन–महसूस करती हैं, उसे लगता है कि घर में हवादार झरोखों और रोशनदानों की कमी है। वह साँस

नहीं ले पाती, क्योंकि उसे लगता है–कमरे में ऑक्सीजन नहीं है। कमरे से निकलकर वे एकाएक बालकनी में आती है और फेफड़ों में ताज़ा हवा को खींचने लगती है।

महिला कार्डियोलॉजिस्ट अक्सर बताती हैं कि तनाव से गुज़रती हुई उच्च–मध्य वर्ग की धनाढ्य औरतें अचानक ई.सी.जी. कराने उनके क्लीनिक आ जाती हैं क्योंकि उन्हें लगता है कि वे दिल की भयंकर बीमारी से पीड़ित हैं और उनकी बीमारी को उनके अलावा कोई भी–यहाँ तक कि डॉक्टर भी–नहीं पहचान पा रहा है। जब ई.सी.जी. की रिपोर्ट सामान्य आती है तो देखकर वे निराश होती हैं क्योंकि उन्हें लगता है कि या तो डॉक्टर ग़लत है या उसकी मशीन वरना उनके दिल की धड़कन का एकाएक तेज़ हो जाना या खुली हवा में भी साँस न ले पाना एक सामान्य स्थिति नहीं हो सकती। वे पाचन क्रिया की निष्क्रियता देखकर एंडोस्कोपी जैसे भीषण तकलीफ़देह परीक्षण से गुज़रने को तैयार हो जाती है क्योंकि उन्हें लगता है, वे अँतड़ियों के कैंसर से या पेट में अल्सर से जूझ रही हैं। वे अपनी बीमारी को मानसिक घुटन, अवहेलना और उपेक्षा से न जोड़कर अपने शरीर के अवयवों से जोड़ बैठती हैं। कुछ महिलाएँ मनोचिकित्सकों के पास भी जाती हैं क्योंकि आत्मविश्वास की कमी के कारण उन्हें अपने माहौल में नहीं, बल्कि अपने में ही कोई गड़बड़ी या असामान्यता महसूस होने लगती है।

मानसिक यातनाग्रस्त संबंधों में औरत लगातार एक लंबे अरसे तक एक अनचीन्हे तनाव से त्रस्त रहकर अपने शरीर को बीमारियों की शरणस्थली बना लेती है और फिर डॉक्टरों के पास जाना ही एकमात्र विकल्प रह जाता है बग़ैर यह जाने कि इन बीमारियों का इलाज डॉक्टरों के पास तो है ही नहीं। विडंबना यह है कि या तो औरत डॉक्टरों के पास जाती है या मनोचिकित्सक के पास क्योंकि अपना ख़ुश न रहना और निराशा के गर्त में चले जाना, उसे अपनी शारीरिक संरचना और बनावट में ही किसी ख़ामी का परिणाम लगती है। वह यह क़तई समझ नहीं पाती कि इसके सूत्र कहीं और हैं और इनका इलाज न डॉक्टरों के पास है, न मनोचिकित्सकों के पास। इन स्थितियों से उबरना उसके अपने हाथ में है–पहले वह इसे पहचाने तो सही कि इस बीमारी के कारण कहाँ जड़ें जमाए बैठे हैं!

इस समस्या की जड़ें हमारे संस्कारों में इतनी दूर तक और इतने गहरे तक पैठ चुकी हैं कि वे हमारे संस्कार और हमारे अस्तित्व का एक हिस्सा बन जाती हैं। और इसलिए इस प्रताड़ना की पहचान के बिना ही औरतें अपनी सारी ज़िंदगी गुज़ार देती हैं। ये महिलाएँ सलाहकार केंद्रों में सहायता के लिए तभी आती हैं, जब

मानसिक प्रताड़ना एक लंबे अरसे के बाद अंततः गाली-गलौज या शारीरिक हिंसा में धीरे धीरे तब्दील होने लगती है।

घरेलू हिंसा से त्रस्त महिला को रास्ता सुझाने से कहीं ज़्यादा मुश्किल है-मानसिक यातना झेल रही महिलाओं को समझाना, क्योंकि इस स्थिति में पुरुष बहुत समझदार-शालीन दिखता है, उसके अंदर बैठे हुए उस व्यक्ति से साक्षात्कार हो ही नहीं पाता जिसे वह महिला घर में झेल रही है, जो लगातार उसे बौना बना रहा है और उसके व्यक्तित्व को, उसकी प्रतिभा को कुचलकर उसे व्यक्तित्वविहीन बना देना चाहता है। अव्वल तो सलाहकार केंद्रों में बुलाने पर भी ऐसे पुरुष कभी नहीं आते। आते हैं तो अपना बाहरी सामाजिक संभ्रांत मुखौटा ओढ़कर आते हैं। एक ही साँस में या तो वे अपनी पत्नी के अवगुणों की फेहरिस्त गिना देते हैं और काउंसलर के सामने कहते हैं कि बदलने की ज़रूरत इसे है, मुझे नहीं। यह ख़ुश रहना ही नहीं जानती, मैं तो अपनी तरफ़ से इसे ख़ुश रखने की पूरी कोशिश करता हूँ। या फिर मसीहाई अंदाज़ में पूरी शालीनता और संभ्रांतता से ख़ामोश रहकर यह जताते हैं कि वे वैसे बिल्कुल नहीं हैं जैसी तस्वीर उनकी पत्नी ने उनके बारे में प्रस्तुत की है।

अधिकांश ग़ैर-कामकाजी गृहिणी औरतें हर क़ीमत पर समझौता कर घर को घर बनाए रखने के लिए तैयार होती हैं। वे अपने पति की हर ज़्यादती भूल जाने को तत्पर दिखती हैं, क्योंकि वे अपने बच्चों के सर से पिता की सुरक्षा का साया खोना नहीं चाहतीं। दूसरा, अपने घर के प्रति लगाव-जिसका तिनका-तिनका वह बाहर से ढूँढ़कर लाती है और अपना घर सँवारती है, शादी होते ही इस घर को वह अपना समझती है क्योंकि शुरू से ही उसे समझाया जाता है कि वह घर तुम्हारा है। इस घर का 'अपना' होना इस क़दर उसको बाँहों में जकड़ लेता है कि वह सब कुछ झेल जाती है पर उस घर से छूटना नहीं चाहती, जिसकी दीवारों से भी वह प्रेम करने लग जाती है। घर की चार दीवारों की तरह पतिरूपी एक पाँचवीं दीवार भी उसके प्रेम के घेरे में आ जाती है और उससे कटना या छूटना उसकी कल्पना से बाहर होता है क्योंकि घर की चहारदीवारी के बाहर उसकी कोई दुनिया है ही नहीं।

सब कुछ सहर्ष अपने दायरे में समेटने के बावजूद अचानक एक दिन पति किसी दूसरी औरत के प्रेम में या प्रेम के भ्रम में पड़ जाता है और अपनी पत्नी को किसी अनचाहे सामान की तरह घर से बाहर धकेलने में जी-जान से जुट जाता है। कई बार बच्चे भी संपत्ति पर अधिकार खो देने के डर से अर्थ कमाने वाले पिता के ख़िलाफ़ खड़े होने का साहस नहीं रखते और अपनी माँ का साथ नहीं देते। गृहिणी पत्नी के लिए यह इतना बड़ा धक्का साबित होता है कि वह अपना मानसिक

संतुलन खोकर मानसिक चिकित्सा केंद्रों की शरण में जाती हैं और उन्हें वापस सामान्यता की ओर लौटाना मुश्किल ही नहीं, असंभव हो जाता है।

कुछ मानसिक चिकित्सालयों का दौरा करें तो आप पाएँगे कि चालीस से ऊपर की औरतों से ये असाइलम अँटे पड़े हैं। ऐसी शादीशुदा औरतें, जिन्हें उनके किसी कुसूर के बिना ही उनके पतियों ने छोड़ दिया है, या डॉक्टरों से ज़बरदस्ती पागल होने का सर्टिफिकेट लेकर अस्पतालों की ओर धकेल दिया है और जिनके माँ-बाप, भाई-भाभी भी उन्हें नहीं पूछते, अंततः अपना बाक़ी का जीवन विक्षिप्तता की कगार पर ही काटती हैं।

दिमाग़ पर निष्क्रिय होने की चोट उसे निष्क्रिय बनाकर ही छोड़ती है।

मानसिक यातना के संदर्भ में कुछेक औसत संवादों की पड़ताल की जा सकती है–

'यू डोंट हैव ब्रेंस'

'यू आर ब्यूटी विदाउट ब्रेंस!'

'यू आर अ ब्रेनलेस वुमेन।'

'तुममें बुद्धि की बहुत कमी है।'

'अक्ल की बात तो कभी करोगी नहीं।'

'कभी अपनी अक्ल का इस्तेमाल भी कर लिया करो।'

'तुममें बुद्धि नाम की चीज़ ही नहीं है!'

'मुँह मत खोलो, वरना पता चल जाता है कि तुम्हारी अक्ल घुटनों में है।'

महिला अगर गृहिणी है तो उसे बाहरी स्पेस के मसलों पर ज़बान खोलने पर तत्काल टोक दिया जाता है। एक लंबे अरसे तक उसके स्पेस को दाल-चावल, भाजी-तरकारी यानी रसोई के क्रियाकलापों तक ही केंद्रित कर दिया जाता रहा है।

मेरे दादाजी अक्सर मेरी दादी को टोकते थे–'तुझे जिस बात की समझ न हो, उस पर ज़बान मत खोला कर!'

यही वाक्य कुछ अलग तरीक़े से मेरे पिता मेरी माँ से कहते थे–'बिजनेस की बात जहाँ आए, तू अपनी सलाह मत दिया कर'। माँ ज़बान खोलें, उससे पहले उन्हें चुप रहने की हिदायत इस क़दर झिड़ककर दी जाती थी कि माँ ने बोलना ही बंद कर दिया। हालाँकि बाद में पिता ने यह भी महसूस किया कि व्यवसाय को लेकर भी माँ की सलाह हमेशा सही साबित होती थी। इसके बावजूद माँ को किसी भी मसले पर मुँह खोलने का, सलाह देने का या अपनी शिकायत दर्ज करने का कभी अधिकार नहीं दिया गया।

आज महिलाएँ पढ़ी-लिखी हैं। हर सामाजिक-राजनीतिक मुद्दे पर अपनी राय रखती हैं। उसके बावजूद पुरुष उसी धुरी पर अटका है जो उसके बाप-दादा

तय कर गए हैं। आज भी एक पति अपनी समझदार गृहिणी पत्नी से यही कहता है कि बिजनेस में अपनी बेशक़ीमती राय अपने पास ही रखो, यू डोंट हैव एनी बिजनेस सेंस। या तुम्हारी औकात क्या है!

ऐसे में जब एक बच्चा अपनी माँ के आँसू पोंछते हुए कहता है–"क्या हुआ ममा, एट लीस्ट पापा आपको मारते तो नहीं है न!" तो समझा जा सकता है कि उस आठ साल के बच्चे की भी इस माहौल में एक मानसिकता तैयार हो रही है कि पापा अगर माँ पर हाथ नहीं उठाते तो वह उतने बुरे नहीं हैं, जितना कि वे हो सकते थे इसलिए हर वक़्त डाँटने या ताने देते रहने को जायज़ ठहराया जा सकता है।

इन उच्च–मध्यवर्गीय संभ्रांत पतियों के घरों में अक्सर यह होता है कि पति अपनी गाड़ी की चाभी या कोई ज़रूरी काग़ज़ कहीं रखकर भूल जाता है और इसके लिए पत्नी पर शब्दों की मूसलाधार बारिश करता है कि चाभी कहाँ रखी है! इसके लिए वह ज़मीन–आसमान एक कर देता है। वह जब चीख़–चिल्लाकर अपना चेहरा लाल कर रहा होता है, पत्नी चाभी से ज़्यादा अपने पति के बढ़ते हुए रक्तचाप को देखकर चिंतित होती है और उसे अपनी सेहत के लिए शांत रहने की सलाह देती है। अंततः चाभी पति के शर्ट की जेब में रखी हुई मिलती है। वह जानता है कि चाभी उसने रखी थी पर अपनी चीख़–चिल्लाहट पर सॉरी कहने के बजाय वह हफ़्तों पत्नी से बात करना बंद कर देता है। पत्नी अपने घर और रसोई की छोटी–से स्पेस में आख़िर कब तक इस अबोले से जूझेगी? अंततः वह पति से संवाद क़ायम करने की कोशिश में उस ग़लती के लिए माफ़ी माँगती है जो उसने की ही नहीं।...और यह एक बेहद सामान्य स्थिति है, जिससे लगभग हर गृहिणी (हाउसवाइफ़ या होममेकर–जो भी कहें) गुज़रती है।

एक पढ़ी–लिखी समझदार औरत को भी इसी तरह काट–छीलकर अपने से निचले दर्जे पर पहुँचाने का, बार–बार उसकी पोशाक पर उसके बेवकूफ़, ईडियट, मूर्ख, कूढ़मग़ज़ होने के चमकदार तमगे टाँगकर उसकी रचनात्मक प्रतिभा और उसके भीतर के कलाकार को कुंद करने का त्रासद आनंद (सैडिस्टिक प्लेज़र) किसी भी शालीन दिखने वाले पति के खाते में दर्ज किया जा सकता है।

कई बार देखने में बेहद ख़ूबसूरत और सलीक़ेदार, प्रतिभावान औरत का पति, असुरक्षा की भावना के चलते मौखिक रूप से आक्रामक हो जाता है। ऐसा पुरुष जानता है कि वह कमज़ोर है, इन्फीरियर है, इसलिए वह सुपीरियॉरिटी का स्वाँग रचता है। अपनी हीन भावना को छिपाने के लिए वह अपनी पत्नी पर चिल्लाता है, नाराज़ होता है, उसे घर की नौकरानियों के सामने अपमानित करता है, उस पर बेबुनियाद आरोप लगाता है और अंततः हिंसक हो जाता है।

एक केस हिस्टरी

उच्च-मध्य वर्ग की एक संभ्रांत शालीन महिला से सुबह की सैर के दौरान पहचान हुई। उसकी उम्र साठ के लगभग थी। उस उम्र में भी वह अपनी जवानी के दिनों की कुछ धुँधली उम्मीदें, कुछ मुरझाए हुए सपने आँखों में समेटे हुए थी। बातचीत में बेहद शालीन और सलीक़ेदार। उसके घर की दीवारों पर ख़ूबसूरत पेंटिंग्स लगीं थीं, जो उसने शादी से पहले और शादी के दो-चार साल बाद तक बनाई थीं। पर उसके चेहरे पर एक खोया सा भाव जमा बैठा था-जिसे कहते हैं-'लॉस्ट लुक' ऐसा भाव जो लंबे अरसे तक' सेंस ऑफ़ नॉन बिलॉन्गिंग' और' चुप्पी की हिंसा' झेलने से पैदा होता है। दो-तीन दिन की पहचान में ही एकाएक खुलकर अपनी तकलीफ़ बयान करने लगी-"सुधा, आय हैव अब्यूज़्ड माय बॉडी सो मच। आय हैव पनिश्ड इट। टॉर्चर्ड इट। नाउ माय बॉडी इज़ टेलिंग मी-नो मोर! टेक केयर ऑर आय लीव यू एंड गो।" मैंने अपने शरीर का, अपनी सेहत का कभी ख़याल नहीं रखा। अपने को सज़ा दी, यातना दी। अब मेरा शरीर मुझसे कह रहा है-बहुत हुआ! अब मुझे सँभालो, नहीं तो मैं चला!

मैंने उससे कहा-तुम अकेली नहीं हो। सभी औरतें यही करती हैं। और कहीं तो ज़ोर चलता नहीं, बस, अपने को सज़ा देने बैठ जाती हैं। और कोई रास्ता नहीं होता उनके पास। अपने को सज़ा देकर ही उन्हें सुख मिलता है। घर को मिटने से बचाए रखने का सुख, अपने को तहस-नहस करके भी अपने को त्याग के आसन पर बिठाने का सुख और बच्चों के सिर पर एक सुरक्षित छत देने का सुख।

उस महिला की शिकायत थी कि उसके पति उससे कभी बात ही नहीं करते। जब भी वह उससे कहती हैं कि मुझसे भी दुनिया की ख़बरें शेयर करो जो अपने दोस्तों से करते हो तो वे कहते हैं-

"यू डोंट हैव एन आई.क्यू.। बात उससे की जाती है जिसमें बात समझने लायक थोड़ी बुद्धि हो-आय कैन टॉक ओनली टु इंटेलिजेंट पर्सन!" (तुम्हारे पास बुद्धि नाम की चीज़ नहीं है, मैं सिर्फ़ अक्लमंद लोगों से ही बात कर सकता हूँ।)

आगे बताने लगी कि बीसेक साल पहले जब कोई मित्र दंपती मिलने आते थे और उसके पति से कहते थे कि यू आर लकी टू हैव सच अ ब्यूटीफुल वाइफ़-आप ख़ुशक़िस्मत हैं कि आपकी बीवी इतनी ख़ूबसूरत है तो वे ठहाका मारकर फ़ौरन विशेषण जड़ देते-"ब्यूटी विदाउट ब्रेंस! "फिर अपनी पत्नी के माथे पर बिखरे बालों की लट सँवारते हुए माफ़ी माँगते हुए कहते-"अरे यार,

मैं तो मज़ाक कर रहा था।'' पर शादी के लगातार चालीस साल तक 'यू डोंट हैव ब्रेंस' या 'यू आर अ ब्रेनलेस वुमेन' या 'यू हैव अ पॉल्यूटेड माइंड' का हथौड़ा अपने सिर पर झेलने के बाद उनका दिमाग़ धीरे-धीरे सचमुच सुन्न हो गया, सोचने-समझने और रिएक्ट करने की ताक़त खो बैठा, याददाश्त कमज़ोर हो गई और वह अपना आत्मविश्वास पूरी तरह खो बैठी। अच्छी-ख़ासी चित्रकार होते हुए भी उसकी उँगलियाँ एक सीधी लकीर तक खींचना भूल गईं, मनोचिकित्सक के पास जाने लगी और एंटी डिप्रेसेंट गोलियों की अभ्यस्त हो गई।

उसकी शिकायत यह भी थी कि वह कभी अपने पति से बात ही नहीं कर पाती। घर-गृहस्थी के सौ पचड़े होते हैं पर सुबह पति से बात करो तो वह कहता है-मेरे ऑफ़िस जाने के समय ही तुम्हें यह गृह-पुराण लेकर बैठना होता है? ऑफ़िस से वह लौटे तब बात करो तो फिर बवाल कि अभी थका-हारा लौटा हूँ, चैन से बैठने तो दो। छुट्टी के दिन बात करो तो वह या तो क्रिकेट देखने में मशगूल या नेशनल ज्यॉग्राफ़िकल चैनल। या क्रॉसवर्ड या सूडोकू या अख़बार। अपनी शादी की सालगिरह के एक दिन हल्के मूड में उसने पति को उसके प्यार के नाम से पुकारकर कहा-''अच्छा, यह बताओ, तुम्हें अगर क्रिकेट या अपनी बीवी-दोनों में से किसी एक को चुनना पड़ जाए तो?''

उसने बिना पलक झपके उसी साँस में कहा-''क्रिकेट ऑफ़कोर्स! दरवाज़ा खुला है, बाहर जा सकती हो।'' और उसने उँगली खुले हुए दरवाज़े की ओर उठा दी। वह औरत यह घटना सुनाते हुए भर्राए गले से कह रही थी कि एक़दम मन हुआ कि अभी घर छोड़ूँ और निकल जाऊँ? लेकिन कहाँ? अच्छी-ख़ासी ज़हीन, कामकाजी पढ़ी-लिखी औरतें भी, शादी के बाद एक गृहिणी की भूमिका अपनाकर अपने लौटने के सारे विकल्प ख़ुद ही बंद कर देती हैं।

यह किसी एक महिला की कहानी नहीं है, हज़ारों पढ़ी-लिखी समझदार औरतें अपने प्रबुद्ध प्रगतिशील पतियों से साल-दर-साल चौबीसों घंटे एक से औसत संवाद सुनती चली जाती हैं कि उनमें अक्ल की कमी है, कि वे बेवकूफ़ हैं, कि वे किसी काम की नहीं हैं, कि वे हर समय नुक्ताचीनी करती हैं-अंग्रेज़ी में जिसे नैगिंग वाइफ कहते हैं, और अंततः वे इस तथ्य में विश्वास जमा लेती हैं कि सचमुच उनमें कोई कमी है, उनका आई.क्यू. निचले दर्जे का है। हीन बना डालने की साज़िश के हथौड़े के वार को लगातार दिमाग़ पर झेलते हुए उनके सोचने-समझने की क्षमता धीरे-धीरे क्षीण हो जाती है, घर आए मेहमानों के बीच बात करते हुए वे डरती हैं कि पता नहीं इस बौद्धिक चर्चा में वे

कोई बेवकूफ़ी की बात न कह बैठें और उनके पति उनकी कौन सी बात को अन्यथा ले बैठें और वे सबके बीच हँसने की सामग्री बन बैठें। काम करने या लिखने-पढ़ने का जज़्बा भी इस जबरन पैदा की गई हीन भावना के चलते दम तोड़ देता है।

एक आदिवासी प्रथा है कि एक पेड़ को अगर काटना है तो उस पर आरी या कुल्हाड़ी नहीं चलाते बल्कि कुछ आदिवासी मर्द-औरतें उस पेड़ को चारों ओर से गोलाकार घेरकर खड़े हो जाते हैं और पेड़ को अपशब्द कहने लगते हैं-तू सूख जा, तू मर जा, तुझ पर ईश्वर का क़हर बरसे। गालियाँ देते हैं और कोसते हैं। कुछ ही दिनों में उस पेड़ के पत्ते सूखने लगते हैं और वह अपने आप टूटकर गिर जाता है। यही हाल उन औरतों का होता है, जिन्हें हर रोज़ ब्रेनलेस या बेवकूफ़ होने का ख़िताब दिया जाता है।

हैरानी होती है कि औरतें इस क़दर इन भ्रामक, ग़लत और झूठे इल्ज़ामों के ढेर को अपने भीतर पैठने कैसे देती हैं? कि एक दिन वे सचमुच यक़ीन करने लग जाती हैं कि उनके दिमाग़ के साथ कोई गंभीर समस्या है, कि 'दे आर ब्यूटी विदाउट ब्रेंस' कि उनके दिमाग़ में प्रदूषण है! यह सुनते-सुनते उनका दिमाग़ सचमुच सुन्न और संज्ञाहीन होकर काम करना बंद कर देता है। मानसिक तनाव के चलते उनकी सोचने की ताक़त धीरे-धीरे भोथरी हो जाती है। निस्संदेह इसके कारण उसकी परवरिश, उसके संस्कारों और उसकी हर क़ीमत पर घर को बचाए रखने की उसकी सोच से वाबस्ता हैं, जहाँ ज़हीन, प्रतिष्ठित और कामयाब पुरुष को पति के रूप में पाना ही उसे अपने जीवन का एकमात्र मक़सद लगता है और इस संबंध को बचाएँ रखने की ज़िद में वह अपनी ज़िंदगी, अपने साँस लेने के अधिकार तक को दाँव पर लगा देती है।

ऐसे पुरुषों का एक और कॉमन संवाद है-"तुम हो क्या! तुम्हारी औकात क्या है!" अपने से ज़्यादा कमाने या अपने से पोस्ट पर काम करने वाली अपनी ज़हीन पत्नी को कहने में भी वे नहीं हिचकते कि "तुम्हारी औकात क्या है?" यह बहुत से पतियों का बेहद प्रिय वाक्य है। वे अपनी औकात के प्रति इत्मीनान से आँखें मूँदे उसे अनदेखा करते रहते हैं और अपनी पत्नी के अस्तित्व को कुचलकर रख देने वाले ऐसे तीखे संवाद उच्चारित कर अपने को स्वनिर्मित पेडेस्टल पर खड़ा कर लेते हैं।

सामान्य संवाद कई हैं और उनमें से एक है कि तुम कौन सा दूध की धुली हो! पति की प्रताड़ना से तंग आकर जब कोई भी औरत अपनी अलग पहचान बनाना चाहती है तो पुरुष उसके चरित्र पर अपना हँसिया रख देता है। जब भी पति का खिलंदड़ापन या उसका लंपट होना पकड़ा जाता है, वह झट अपने चरित्र के दाग़

को छिपाने के लिए अपनी पत्नी के चरित्र पर लांछन लगाना शुरू कर देता है। अपने गुनाहों की लकीर को छोटा साबित करने के लिए पति पत्नी के आरोपित गुनाहों की एक लंबी लकीर सामने आँक कर आश्वस्त हो लेता है। अपनी पत्नी को झूठा या बदचलन करार देना उन कमज़ोर पुरुषों का हथियार है, जो आत्मविश्लेषण करने या अपने भीतर झाँकने से इनकार करते हैं। आक्रामक होना रक्षात्मक होने का ही हथियार है। इसी महीने 14 जुलाई, 2012 को बैंगलोर के एक दंत चिकित्सक डॉक्टर का मामला अख़बार में आया है कि वह अपनी पत्नी को बदसूरत कहकर बार-बार और दहेज़ की माँग करता था, अपनी पत्नी पर शक करता था और अपनी वफ़ादारी साबित करने के लिए उसने अपनी पत्नी को अपना पेशाब पीने पर मज़बूर किया। कुंठा और अहंकार की चरम स्थिति व्यक्ति को यातना देने की ख़ौफ़नाक परिणति तक पहुँचा देती है। यह पत्नी तो अपनी शिकायत लेकर पुलिस स्टेशन तक चली गई पर लाखों महिलाएँ ऐसी हैं जो किसी न किसी कारणवश अपनी यातना को निजी मसला कहकर उसे घर की चहारदीवारी के भीतर ही दफ़ना देती हैं।

ऐसा नहीं है कि पुरुष स्त्रियों के हाथों यातना का शिकार नहीं होते। कई सामान्य नौकरीपेशा पतियों को अपनी कामकाजी दबंग पत्नियों के विवाहेतर संबंधों को आँखें मूँदकर स्वीकार करते और सामाजिक भय के कारण पत्नी की ज़्यादती या आक्रोश को नज़रअंदाज़ करते भी देखा जा सकता है। इसमें संदेह नहीं कि कई औरतें पुरुषों से भी अधिक ख़ूँख़ार और सैडिस्ट होती हैं। ऐसी औरतों के तांडव के सामने दस पुरुषों की यातना फीकी पड़ जाए (बाज़ारवाद और उपभोक्तावाद की देन ऐसी औरतों की तेज़ी से पनपती हुई जमात के बारे में भी हमें बात करनी है, क्योंकि पितृसत्ता इन्हीं औरतों को आधारस्तंभ बनाकर पनपती है–जब कोई पुरुष अपनी पत्नी को यातना देता है तो अधिकांशतः इसके पीछे उसकी माँ,बहन या उसके जीवन में आई 'दूसरी औरत' होती है जो बख़ूबी 'पत्नी' की भावात्मक कमज़ोरी–वल्नरेबिलिटी पहचानकर उसे तहस–नहस करने में पुरुष को उकसाती–बहकाती है पर क्या इससे पुरुष क्षम्य हो जाता है? एक पुरुष अगर दूसरी औरत के हाथ का खिलौना बनता है और अपने क्रियाकलाप, सोचने–समझने की सामर्थ्य की चाभी दूसरी औरत के हाथ में सौंप उसके इंगित पर अपनी पत्नी पर बेवजह खौलता है तो इससे उसका गुनाह कम नहीं हो जाता) पर जब हम किसी सामाजिक सामान्य मसले पर बात करते हैं तो अनुपात के तहत ही धारणाएँ तय करते और उनका हल निकालने की कोशिश करते हैं और मानसिक यातना के मसले में अनुपात 95/5 का ही पाया गया है। हो सकता है, अब यह प्रतिशत बढ़ रहा है। लेकिन यहाँ हमें उस बड़े अनुपात की बात करनी है, अपवाद की नहीं। हालाँकि दोनों तरह की प्रताड़ना

से निबटने के तरीक़े एक ही हैं–वह स्त्री के लिए हों या पुरुष के लिए। जो पक्ष प्रतिकार करने में कमज़ोर होगा, वही प्रताड़ना सहने पर मजबूर कर दिया जाएगा।

पावर स्टेप्स–आख़िर आउटलेट कहाँ है?...

यह सवाल ज़रूर उठता है कि औरतें अपने को ही सज़ा देने क्यों बैठ जाती हैं? और कोई रास्ता क्यों नहीं होता उनके पास?

जब भीतर खलबली मची होती है, मन बेचैन होता है, अपने आपसे डर लगने लगता है कि बिना वजह कुछ तोड़-फोड़ न कर दें, किसी पर बरस न पड़ें। तो यह बेचैनी उतरेगी किस पर? किस पर वश चले? ज़ाहिर है, घर के मालिक पर तो नहीं ही–चाहे वह ससुर हो, जेठ हो या कोई और बुज़ुर्ग, क्योंकि वहाँ ज़ोर नहीं चलता। सास पर? नहीं, क्योंकि उसके पति की माँ हैं वह। हर हाल में इज़्ज़त की हक़दार है। हमारी माताओं ने हमारी पीढ़ी को यही सीख दी है कि सास को माँ समान समझो। पति पर? सवाल ही नहीं। वह तो जहाँपनाह हैं घर के। अन्नदाता हैं। एकल परिवार में उन्हीं की हुक्मउदूली होती है। बचा कौन? अपनी सारी खीझ, ग़ुस्सा, कुंठाएँ कहाँ निकालें? बच्चों पर? एक तो वे इतने मासूम होते हैं, दूसरा पिता का प्यार नहीं मिलता उन्हें, तो दोहरी ज़िम्मेदारी औरत की बनती है कि उन्हें वह पिता के प्यार की कमी महसूस न होने दे। और दूसरा, वे घर पर रहते नहीं और अच्छा ही है कि नहीं रहते वरना वे मासूम ही शिकार होते इस खलबली का, इस बौखलाहट का। लेकिन फिर भी ये मासूम बच्चे भी गृहिणी की कुंठा का शिकार होते हैं।

मध्यवर्गीय और उच्च-मध्यवर्गीय घरों में, जहाँ काम करने वाले मौजूद होते हैं, वहाँ सारी खलबली का शिकार होती है–एक अदद ग़रीब, मासूम नौकरानी–वह, जो बिना किसी अपराध के, सिर्फ़ अपनी ग़रीबी और काम करने की मजबूरी के कारण आटे में घुन की तरह पिसती है। बच्चे भी अनजाने में अपना ग़ुस्सा घर की नौकरानी, माली, अर्दली पर उतारते हैं, क्योंकि घर में वही हैं जिनसे वे अपने आपको ऊपर पाते हैं।

अगर काम वाली बाई ने मेज़ नफ़ासत से नहीं लगाई या चम्मच सलीक़े से नहीं रखे या सब्ज़ी एक नपे-तुले अंदाज़ में नहीं काटी तो सोचने की बात है कि अगर उसे इतनी ही समझ होती तो आपके यहाँ इतने कम पैसों में चौका-बर्तन ही कर रही होती? अगर इतनी लियाकत और सलीक़ा होता तो कहीं किसी बेहतर जगह न चली गई होती? झाड़ू-पोंछा ही करती रहती ज़िंदगी भर? नौकरानी पर ज़्यादा नाराज़गी ज़ाहिर नहीं की जा सकती, उसके काम छोड़कर चले जाने का अंदेशा है। फिर भी घर की मालकिन उसे बख़्शती नहीं। वजह यह है कि उस

गृहिणी का भी घर में वही दोयम दर्जा है, जो उस नौकरानी का है। एक दोयम दर्जा दूसरे दोयम दर्जे पर ग़ुस्सा, भड़ास निकालकर अपने दर्जे को थोड़ा सा ऊँचा उठाना चाहता है।

घरेलू हिंसा की कार्यशालाओं में अक्सर हम इन पावर स्टेप्स के बारे में बात करते हैं–

। ससुर
---। सास
----। पति
----। औरत
----। बच्चे
-----। नौकर / आया
------------।

संयुक्त परिवार की सबसे ऊपर वाली सीढ़ी पर खड़ा है–घर का मुखिया यानी ससुर, जेठ या दूसरे बुज़ुर्ग। दूसरी सीढ़ी पर सास। उसके बाद पति का नंबर आता है। लेकिन इन तीनों सीढ़ियों पर जमी बैठी सत्ता का शिकार घर की गृहिणी है। जिसका दाँव लगता है, वह उस पर बरस लेता है। अब यह औरत, जो घरेलू चक्की में पिस रही है, दनादन तीन सत्ताओं का क़हर झेलती है। उसके लिए आउटलेट है तो अगली सीढ़ी पर खड़े निरीह बच्चे, जिन पर वह बेवजह बरस तो पड़ती है पर उसका मन भीतर से जब कचोटता है तो वह अतिरिक्त लाड़ उड़ेलने लगती है। दोनों ही स्थितियाँ असामान्य हैं। बच्चों पर बिगड़ना भी और फिर उन्हें दुलार-दुलार कर बिगाड़ना भी। ऐसे संबंधों में बच्चे हमेशा दुविधा में रहते हैं और समझ नहीं पाते–माँ उन पर क्यों बेवजह खीझती रहती है और फिर बेवजह अतिरिक्त दुलार जताने लगती है।

बच्चे बिना किसी अपराध के हमारे तनाव पर बलि चढ़ जाते हैं। जानते हैं, माँ सारा दिन घर के लिए खटती भी है और पापा के, दादी के तेवर का, बुलंद आवाज़ का शिकार होती है तो माँ के प्रति सहानुभूति के चलते उन्हें माँ की ऊँची आवाज़ से भी शिकायत नहीं होती। बचपन से ही उनके सिस्टम में जाने अनजाने यह सहनशीलता विकसित हो जाती है। ऐसे घरों के बच्चे अपने माता-पिता के तनावों से दूर होने के लिए एक हड़बड़ी में अपने जीवन का फ़ैसला कर लेते हैं।

दलित लेखिका कौसल्या बैसंत्री की बेटी सुजाता पारमिता बताती हैं कि जिस दिन मेरी माँ पिता से पिटती थीं, अगले दस दिन तक वह मुझे पीट-पीटकर अपना ग़ुस्सा निकालती थीं, क्योंकि बेटों को पीटना नहीं चाहती थीं और नौकर-नौकरानी घर में थे नहीं, तो ले-देकर एक बेटी ही उपलब्ध थी हर वक़्त पिटने के लिए। यह

पीटना इतना बढ़ता गया कि सुजाता ने आव देखा न ताव, उस घर से और माँ की रोज़ की पिटाई से बचने के लिए पहले ही प्रेम में झटपट शादी कर ली और वह शादी ही उसके तनावों, बीमारियों और बाक़ी की ज़िंदगी की अंतहीन तबाही का कारण बनी!

औरत को बाहरी स्पेस से काटना

पितृसत्ता के संस्कार लेकर आने वाला मध्य वर्ग का पुरुष अपने घर पर और परिवार के सदस्यों पर शासन और नियंत्रण चाहता है, इसलिए वह कभी नहीं चाहता कि उसकी पत्नी भी नौकरी करे। शादी से पहले कामकाजी औरत की भी नौकरी किसी न किसी बहाने छुड़वा दी जाती है। एक घर चलाने लायक औसत आमदनी वाले नौकरीपेशा मर्द की भी औरत को 'जिबह' करने की पहली चोट यही होती है कि छोटे भाई-बहनों, सास-ससुर या बच्चों की देखभाल का वास्ता देकर उसकी नौकरी छुड़वा दो। शादी के बाद प्यार-मनुहार से अक्सर वह अपनी नई-नवेली कामकाजी दुल्हन को मनाने में सफल हो जाता है कि नौकरी से ज़्यादा ज़रूरी उसका परिवार है और परिवार की क़ीमत पर उसे नौकरी नहीं करनी चाहिए।

औरत नौकरी करेगी तो एक बाहरी बड़े 'स्पेस' से उसका साक्षात्कार होगा और बहुत कम पति इतने उदार होते हैं कि अपनी पढ़ी-लिखी पत्नी को अपनी प्रतिभा सँवारने-निखारने का मौक़ा दें। वे उसे अपने अँगूठे के नीचे ही रखना चाहते हैं। इसलिए बेहतर तरीक़ा यह है कि पत्नी के हर जन्मदिन पर पाककला की पुस्तकें उसे भेंट कर रसोई में स्वादिष्ट व्यंजन पकाने में और घर को होटल के कमरे सा साफ़-सुथरा बनाए रखने में उसे उलझाए-भरमाए रखो। घर आए मेहमानों के सामने घर के कलात्मक रख-रखाव का सारा श्रेय पत्नी को देकर और उसकी पाककला की तारीफ़ में क़सीदे पढ़कर उसकी मुख्य स्पेस रसोई का चूल्हा-चक्की बना दिया जाए। रसोई के उस छोटे से दायरे में पहले अपने को झोंककर और अंततः अपने को खोकर वह अपनी स्थिति और प्रतिभा को पहचान पाने में असमर्थ, पति और बच्चों के लज़ीज़ ख़ाने के बाद उँगलियाँ चाटने और चटखारों से ही परम प्रसन्न हो जी लेती है और पति और बच्चों के लिए ख़ाना बनाना उसे ज़िंदगी का सबसे महत्त्वपूर्ण काम लगने लगता है।

घरेलू श्रम तो अवैतनिक मानद कर्तव्य की इतनी ऊँची उपाधि पा जाता है कि औरत अपना पूरा अस्तित्व ही सहर्ष उसमें विलुप्त हो जाने देती है। अपने को ढूँढ़ने के लिए जब तक वह चेतती है, समय उसे पीछे धकेलकर बहुत आगे बढ़ चुका होता है। जीवन के अंतिम चरण में कभी भी उसे पति ताना दे सकता है कि वह बीस-तीस-पैंतीस सालों से उसे दो वक़्त की रोटी दे रहा है और सड़क पर उतरकर

वह 'चार पैसे' कमाकर तो दिखाए। आमतौर पर चालीस से पचास के बीच की औरतें अपने स्थायी पति से सड़क पर उतरने का आदेश पाकर और अपने पत्नीत्व के ओहदे के 'अस्थायित्व' से एकाएक बौखलाकर या तो मानसिक चिकित्सा केंद्रों में पहुँच जाती हैं या महिला सलाहकार केंद्रों का रुख करती हैं। इन महिलाओं के लिए अपने पति के लिए गवाँए हुए लंबे समय को लौटा पाना एक स्थायी टीस बनकर रह जाता है।

औसत युद्धस्थल : ख़ाने की मेज़

इस श्रेणी के सामंती पुरुषों का एक औसत युद्धस्थल है–ख़ाने की मेज़। पत्नी को यातना देने का सबसे बड़ा हथियार। ख़ाने की मेज़ पर आने से पहले ही वे नाक-भौं सिकोड़ते हुए आते हैं, यह मानते हुए कि ख़ाना उनके मन मुताबिक़ नहीं बना है। रोज़ का ख़ाना एक ऐसी चीज़ है, जिनमें हर रोज़ एक नया नुक़्स निकालना बहुत आसान है।

ख़ाने में नमक कभी कम है, कभी ज़्यादा है। कोई सब्ज़ी हर तीसरे दिन बन जाती है तो कोई एक महीने से क्यों नहीं बनी। कभी सब्ज़ी ज़्यादा पक गई है, कभी कच्ची रह गई है। कभी मसाला कम पड़ गया है, कभी ज़्यादा। कभी सब्ज़ी की रसा पतली रह गई है, कभी गाढ़ी हो गई है। कभी चिकन-मटन भी आलू-मटर की सब्ज़ी जैसा बन जाता है तो कभी सब्ज़ी घास-फूस जैसी लगने लगती है। अधिकांश गृहिणी पत्नियों के लिए यह रोज़मर्रा की समस्या है कि ख़ाना क्या पकाया जाय और कैसा पकाया जाए कि उनके पति ख़ुश रहें। लेकिन वह कितनी भी कोशिश कर ले, लाख 'ख़ाना-खजाना' की व्यंजन विधियों पर प्रयोग करती रहे, वह कभी अपने पति की माँ जैसा ख़ाना नहीं बना पाएगी क्योंकि ख़ाना वैसा कभी बन ही नहीं सकता, जैसा पति की माँ बनाती हैं या बनाती थीं। भारतीय परिवारों में सास और ननद इसमें ज़्यादा बड़ा रोल अदा करती हैं। वे यह भूल जाती हैं कि उनके घर में दाख़िल होने वाली यह नई लड़की जिस माहौल में बीस-पच्चीस साल रची-बसी रही है, जिसे जड़ समेत उखाड़कर नयी मिट्टी में रोपा गया है, अलादीन के चिराग़ को घिसते ही उसका कायांतरण नहीं हो सकता और ऐसी अपेक्षा उस लड़की से क्यों की जाए कि वह नए खाद-पानी से एकाएक पलक झपकते ही तालमेल बिठा ले।

औरतें इस मुहावरे को सच मान लेती हैं कि पुरुष के दिल तक पहुँचने का रास्ता उसके पेट से होकर जाता है–'द वे टु अ मैंस हार्ट इज़ थ्रू हिज़ स्टमक'। यह वे नहीं समझ पातीं कि ख़ाना एक 'कारण' नहीं, उसे उलझाए रखने और तनाव में बनाए रखने का एक बहाना मात्र है। इसे समझने के बजाय वे ताउम्र नए से नया ख़ाना बनाने और ख़ाने में नए से नए प्रयोग करने के तरीक़े ईजाद करती

रहती हैं। इसके बावजूद पतिदेव या तो ख़ाना खाए बग़ैर उठकर चले जाते हैं या ख़ाने के प्रति अपनी अरुचि ज़ाहिर करने के लिए पत्नी को दिखा-दिखाकर सब्ज़ी को अचार की तरह छुआकर रोटी का कौर मुँह में डालते हैं या घर का पका हुआ ख़ाना एक तरफ़ सरकाकर किसी महँगे होटल से थाई या मेक्सिकन ख़ाना मँगवा लेते हैं।

कई बार नाराज़गी दिख़ाने का यह तरीक़ा भी आज़माया जाता है कि पति दो-चार दिन की भूख हड़ताल पर चला जाता है। वह पत्नी की कमज़ोर नब्ज़ पहचानता है। यह जानते हुए भी कि पति भूखा नहीं रहेगा, पत्नी अपराध-भाव के मनों बोझ तले दब जाती है। पति का बिना खाए घर से निकल जाना उसे अपनी नाकामी का ज़बरदस्त अहसास दिला देता है। पति के पास बाहर की एक बड़ी दुनिया है। वह पत्नी पर नाराज़ होकर ब्रीफकेस उठाकर घर से बाहर चला जाता है, ऑफ़िस जाकर बढ़िया ब्रेकफास्ट मँगवाता है और भूल जाता है कि जिस गृहिणी की दिनचर्या की सबसे बड़ी सार्थकता अपने पति को ढंग का ख़ाना खिलाकर ख़ुश रखना है, उसे वह रोता-कलपता छोड़ आया है। इधर औरत अपनी छोटी-सी घरेलू दुनिया में अपने आपको कोसती-खीझती अपने वजूद को रौंदती रहती है।

नाराज़गी का ज़्यादा प्रदर्शन करना हो तो ख़ाने की थाली को मेज़ से उछालकर दीवार पर अमूर्त चित्रकारी करने के लिए फेंक दिया जाता है। यह पति सब कुछ कर सकता है पर अपनी पत्नी पर हाथ उठाने की ग़लती कभी नहीं करता। ऐसी ही गृहिणियों के बच्चे अपनी माँ की आँखों में आँसू देखकर कहते हैं–''तो क्या हुआ ममा, एट लीस्ट पापा आपको मारते तो नहीं हैं न!''

औसत युद्धस्थल के और भी कई फ्रंट हो सकते हैं, जैसे-बच्चों की पढ़ाई-लिखाई, पत्नी का पहरावा या घर का रख-रखाव। अगर पुरुष को शिकायत ही करनी है तो अपने कमाऊ होने की बिना पर वह किसी भी मुद्दे पर शिकायत कर सकता है और इसे अपने अधिकार क्षेत्र में मानता है। इसे एक तरह का सैडिस्ट स्वभाव भी कहा जा सकता है, जहाँ अपने क़रीबी व्यक्ति को पीड़ा पहुँचाकर ही पुरुष अपने अहं को संतुष्ट कर पाता है।

सुप्रीम कोर्ट की वकील इंदिरा जयसिंह के अनुसार, ''हिंसा का एक प्रकार यह भी है कि पति पत्नी को सेक्स से वंचित रखता है। शादीशुदा औरतों की अलिखित आचार संहिता के अनुसार औरतें सेक्स की माँग नहीं करतीं, सिर्फ़ सेक्स की स्वीकृति देती हैं। क़ानून की अपनी सीमाएँ हैं और दुनिया का कोई भी क़ानून सेक्स करने को बाध्य नहीं कर सकता और न ही इसे हिंसा के किसी प्रकार में गिनता है।''

–'द राइट टु लिव विथ डिग्निटी'–द हिंदू, 30 मार्च, 2008

आर्थिक आज़ादी : दोहरी ज़िम्मेदारी

गृहिणियों के जीवन में पुरुष के धन उपार्जन का अर्थ उसकी वर्चस्ववादी भूमिका को स्वीकार करना है क्योंकि भारतीय परिवारों में घर का कार्यभार सँभालने और घर चलाने की भूमिका को दोयम दर्जा दिया गया है और इसे पुरुष ही नहीं, घर की स्त्रियाँ भी सहमति देती हैं। एक गृहिणी घर को सुव्यवस्थित रूप से चलाने के लिए जिस सम्मान की हक़दार है, वह उसे इसलिए नहीं दिया जाता क्योंकि इसके लिए उसने हक़ कभी जताया ही नहीं।

आज स्थितियाँ बदली हैं। बाहरी कार्यक्षेत्र में औरत का योगदान बढ़ा है। आर्थिक आज़ादी ने औरत को दोहरी-तिहरी ज़िम्मेदारी में जकड़ दिया है और पुरुष औरत की आर्थिक आज़ादी से चुनौती पाकर, अपनी असुरक्षा को ढाँपने के लिए न सिर्फ़ ग़ैर-ज़िम्मेदार हो जाता है बल्कि उसके भीतर पत्नी के लिए शक का फन फुफकारता हुआ उसे हिंसक भी बना देता है। प्रताड़ना का स्तर यहाँ भी है। काम से लौटने में देर हो गई तो परिवार में बवाल उठ खड़ा होता है।

पत्नी को नौकरी में अगर प्रमोशन मिलता है तो पति इसका श्रेय उसकी काबिलियत को न मानकर बॉस को ख़ुश रखने के इतर कारणों में ढूँढ़ता है। यह शक की लाइलाज बीमारी हर वर्ग के पुरुषों में है। बिल्कुल निचले तबके से लेकर उच्च वर्ग के पुरुष तक इससे क़तई मुक्त नहीं है। सोलहवीं शताब्दी का 'ओथेलो' सिर्फ़ शेक्सपियर के समय का यथार्थ नहीं है, आज की इक्कीसवीं शताब्दी के पुरुष में भी 'ओथेलो' मौजूद है और यह क़स्बे के अर्द्धशिक्षित 'ओंकारा' में ही नहीं, विश्वविद्यालयों के वाइस चांसलरों और करोड़पति उद्योगपतियों तक में फैला हुआ है। इनकी निरीह 'डेस्डिमोनाएँ' बेचारी समझ ही नहीं पातीं कि उनका आकर्षक व्यक्तित्व और मिलनसार स्वभाव उनके समर्पण के विपरीत जाकर बेवजह ही उनके जीवन का अभिशाप कैसे बन जाता है।

स्त्री स्वभाव की एक मूलभूत त्रासदी यह भी है कि आर्थिक रूप से आत्मनिर्भर पत्नी का भी भावात्मक कोना उतना ही वल्नरेबल, अशक्त और अपेक्षाएँ रखने वाला होता है जितना एक आश्रित घरेलू गृहिणी का। ग्रामीण, अशिक्षित, परम्परावादी औरत हो या पढ़ी-लिखी, नौकरीपेशा और पूरी तरह सजग-चौकस एक्टीविस्ट-सारी त्रासद स्थितियाँ उस भावात्मक कोने की वजह से पैदा होती हैं जो प्रेम पाने की जगह अपने पुरुष से शक की बिना पर निरंतर चोट खाता रहता है। इसके बावजूद एक पत्नी भावात्मक लगाव से ताउम्र मुक्त नहीं हो पाती।

कुछ पौधे होते हैं-देखने में बहुत नाजुक, मुलायम से पत्तों वाले, पर उनकी टहनियों को कहीं से भी काट दो, उन कटी हुई जगहों से ही फिर हरे-हरे नाजुक से पत्ते निकल आते हैं। औरतें भी ऐसी ही होती हैं। कहीं से भी काट दो, छील दो,

फिर उसी छिली हुई जगह पर कोमल भीगी सी नमी अंकुरित होने लगती है। सब कुछ भुलाकर प्रेम देने के लिए औरत हमेशा तैयार खड़ी होती है, लेकिन आत्मकेंद्रित और अहंकारी पति अपने इर्द-गिर्द ऐसी दीवार बना लेता है कि सामने वाला अगर प्रेम देना भी चाहे तो उस दीवार को भेदना आसान नहीं होता। उस तक सिर्फ़ वही पहुँच सकता है जिसे वह अपने पथरीले अभेद्य दुर्ग में आने की अनुमति दे।

सामाजिक संरचना का विक्टिम पुरुष

इस पूरे आकलन से संभवतः यही स्वर सुनाई दे रहा है कि पितृसत्तात्मक व्यवस्था और शोषण के विविध रूपों का धारक पुरुष है इसलिए हिंसा तथा प्रताड़ना का ज़िम्मेदार भी वही है। हक़ीक़त यह है कि अगर हम कारणों की तह तक जाएँ तो सारा असामंजस्य और असंतुलन हमारी सामाजिक व्यवस्था का है जिसके तहत पुरुष स्वयं भी उस सामाजिक व्यवस्था, परंपरागत सोच और रूढ़िग्रस्त संस्कारों का शिकार-विक्टिम है जो बचपन से उसकी शारीरिक संरचना में, उसके सिस्टम में इस क़दर पैठ गया है कि वह चाहकर भी इससे छुटकारा नहीं पा सकता। पुरुष अपनी वर्चस्ववादी भूमिका से बाहर आकर सोच ही नहीं पाता और अंततः अपने और अपने परिवार के लिए ऐसा त्रासद माहौल खड़ा कर देता है जो ध्वंस की ओर ही ले जाता है।

अक्सर हम सामाजिक रूप से प्रतिष्ठा प्राप्त कई पुरुषों के बारे में यह सुनते हैं कि जो व्यक्ति दूसरों के साथ इतना हँसमुख, ज़िंदादिल, यारबाश इंसान है, वह अपनी पत्नी के प्रति इतना क्रूर, निर्मम और असंवेदनशील कैसे हो सकता है। अगर वह पुरुष भी अपने को टटोले तो उसे ख़ुद भी अपने व्यवहार पर संदेह होगा पर जिस तरह के आचरण और व्यवहार का वह बचपन से आदी हो चुका है, उसके तहत उसे पता ही नहीं चलता कि दूसरों से हँसने-बोलने वाला व्यक्ति अपनी पत्नी को एक इंसान का दर्जा भी क्यों नहीं दे पाता। यह पुरुष अपने घर से लिये गए संस्कार और परंपरागत ढाँचे को इस तरह अपनी मांस-मज्जा का हिस्सा बना लेता है कि चाहते हुए भी उससे बाहर नहीं निकल पाता। दरअसल एक ओर वह ख़ुद अपनी सामाजिक व्यवस्था और पुरुषवादी सोच का विक्टिम है, दूसरी ओर उसका अहंकार इतना दुर्दमनीय होता है कि अपने ग़लत आचरण को स्वीकार नहीं कर पाता। जो इस माहौल में रहते हुए भी अपने को थोड़ा सा बदलने की इच्छा रखते हैं, उनका परिवार तनावमुक्त स्थितियों में सामंजस्य बिठाकर रहता है और बच्चे एक स्वस्थ माहौल में बड़े होते हैं।

दोस्तोव्हस्की ने कहा था कि अंततः सुंदरता ही इस दुनिया को बचाएगी। उनके इस वक्तव्य का अर्थ स्त्रियों की कोमलता और संवेदना से था या नहीं, कहा

नहीं जा सकता पर यह सच है कि स्त्रियाँ ही इस दुनिया को बदल सकती हैं, इसे नृशंसता और क्रूरता से बचाकर मानवीय संवेदना, प्रेम और रागात्मकता की ओर ले जा सकती हैं।

स्थितियों में परिवर्तन तभी आएगा जब भारतीय परिवारों में पुरुष की मानसिकता बदलेगी और इसे बदलने में सबसे बड़ी ज़िम्मेदारी एक औरत की ही है। वह जब बेटे को बेटी से ऊँचा दर्जा देती है, बेटे को घर के काम में हाथ बँटाने को नहीं कहती, अपनी बेटी के लिए अलग मानदंड बनाती है और बहू के लिए अलग, विषमता के बीज वह तभी बो देती है। एक माँ और सास के रूप में वह दोहरे मापदंड न अपनाए। वह क्यों चाहती है कि उसका दामाद तो उसकी बेटी के इर्द-गिर्द घूमता रहे, उसकी बेटी के नाज़-नख़रे उठाए, उसे हथेलियों पर रखे पर उसका बेटा अगर यही सब करे तो वह उलाहना देती है कि वह तो अपनी बीवी का ग़ुलाम हो गया है। एक औरत स्वयं अपनी सास से प्रताड़ना सहती है पर स्वयं सास के ओहदे पर आसीन होते ही वह अपनी शोषक सास का प्रतिरूप बन जाती है। भाभी बनकर अपनी ननद की प्रताड़ना सहती है पर ख़ुद ननद बनकर अपनी भाभी के पक्ष में खड़ी होकर भाई की ज्यादतियों का विरोध नहीं करती। जब तक औरतों में एक वृहद् स्तर पर बहनापे की भावना नहीं जगेगी, भारत की सामाजिक संरचना में किसी परिवर्तन की संभावना नहीं है।

एक माँ को चाहिए कि बचपन से ही अपने बेटे को एक स्त्री का सम्मान करने के संस्कार दे। उसके घर के काम को कमतर करके न आँका जाए। बेटों में शुरू से ही ऐसे संस्कार हों कि बेटे अपने को अपनी बहनों से श्रेष्ठ न समझें, अपनी सहपाठिनी या मित्र लड़कियों को अपने से कमज़ोर न समझें, लैंगिक आधार पर काम का बँटवारा न हो। आज पुरुष के समकक्ष अगर स्त्रियाँ भी घर के लिए आर्थिक सहयोग दे रही हैं तो रसोई और बच्चे सिर्फ़ स्त्री की ज़िम्मेदारी क्यों हों। जब तक बराबरी की भावना पति-पत्नी में नहीं पनपती, परिवार नाम की इकाई के ढाँचे का ध्वस्त होना तो निश्चित है।

आख़िर रास्ता क्या है

पुरुष का वर्चस्व स्थापित करने वाली सामाजिक संरचना जब तक नहीं बदलती, तक तक स्त्रियों को अपने और अपने परिवार को बचाए रखने के लिए कुछ सकारात्मक क़दम तो उठाने ही होंगे।

भावात्मक लगाव अपनी जगह है और इसका संबंध एक औरत की शारीरिक संरचना से है। मानसिक यातना से निबटने के लिए भी एक औरत को अपनी रणनीति तय करनी होगी। इसे सिर्फ़ एक पति के स्वभाव या उसके परिवेश और

संस्कारगत माहौल को ज़िम्मेदार ठहराकर उसे दरकिनार नहीं किया जा सकता। संवादहीनता की कुंठाओं की पहचान भी ज़रूरी है। जब तक पहचान ही नहीं होगी, समस्या का निदान संभव ही नहीं है।

जिस तरह आक्रामकता के ख़िलाफ़ एक आम औरत को यह बताकर तैयार किया जाता है कि वह पहली ही बार हिंसा के लिए उठे हुए हाथ को रोके। ढीला सा प्रतिकार करना प्रकारांतर से उसे बढ़ावा देना ही है। यह बढ़ावा देकर वह अपना पूरा जीवन एक जल्लाद के हाथों सौंप देती है और अपने शरीर में ज़रा भी ताक़त रहने तक पिटती ही रहती है। उसी तरह उपेक्षा, संवादहीनता या चुप्पी भी एक तरह की हिंसा ही है जिसे मैं चुप्पी की हिंसा या सायलेंट वॉयलेंस का नाम दे रही हूँ और इसे भी कन्फ्रंट या कॉर्नर करने–सामना करने या घेरने की ज़रूरत है। एक पुरुष बरसों अपना ख़ाली समय क्रॉसवर्ड करने या सूडोको के ख़ाली चौकोर भरने या क्रिकेट के चौके–छक्के निहारते हुए काट देता है और अपने परिवार में माँ–बीवी–बच्चों से संवाद क़ायम करने की या तो ज़रूरत महसूस नहीं करता या हिटलरनुमा व्यवहार करता है तो निस्संदेह उसके आत्मकेंद्रित और निरंकुश स्वभाव को सामान्य व्यवहार की संज्ञा नहीं दी जानी चाहिए। इस व्यवहार को बढ़ावा तभी मिलता है जब इसे नज़रअंदाज़ किया जाता है या इस पर सवाल नहीं उठाया जाता या अपने आपको बदलने की कोशिश की जाती है। अपने आपको बदलने से तत्कालीन संकट को टाला जा सकता है पर वह कोई हल नहीं है। मुठभेड़ करना बहुत ज़रूरी है। हो सकता है कि सवाल उठाए जाने पर भी बदलाव न आए पर दबी हुई कुंठाएँ एक दिन अचानक विस्फोट से बाहर आएँ, इससे बेहतर है कि उसे स्वस्थ संवाद द्वारा सतह पर लाने की एक ईमानदार कोशिश दोनों ओर से की जाए।

एक छोटा सा उदाहरण उन दो कामगारों का है जिसमें से एक डाँट सहता नहीं और फ़ौरन जवाब दे देता है। मालिक उसके मुँह लगना नहीं चाहता। दूसरा, वह जो प्रतिकार नहीं करता और चुपचाप डाँट सुनता रहता है। मालिक हर छोटी–बड़ी ग़लती पर उसे इत्मीनान से दुत्कारता रहता है क्योंकि उसे पता है कि यही वह मोहरा है जिसे आसानी से पैर से ठोकर मारी जा सकती है।

एक घटना का ज़िक्र करना यहाँ अप्रासंगिक नहीं होगा। मेरी एक मित्र की बेटी शादी के बाद अमेरिका चली गई। विदेशों में भारत की तरह घर का काम करने के लिए मदद सहज उपलब्ध नहीं होती। यह लड़की शादी से पहले अच्छी–ख़ासी नौकरी करती थी पर शादी के दो साल बाद बच्चा होने पर उसे घर के सारे काम करने और बच्चे की देखभाल के बीच समय ही नहीं मिलता था। शादी के चार साल तक कोई छोटा सा काम भी पूरा न होने पर, उसे हमेशा यही सुनना पड़ता कि तुम सारा दिन करती क्या हो–यह कार्पेट पर चावल का एक दाना क्यों पड़ा है,

वॉश बेसिन के पास तौलिया क्यों नहीं है, क़मीज़ ठीक से प्रेस क्यों नहीं की, आख़िर तुम सारा दिन घर में करती क्या रहती हो। चार साल तक रोज़ यही राग अलापा जाता रहा कि तुम सारा दिन करती क्या हो। अगले दिन जब पति काम से लौटा तो उसने देखा कि बिस्तर समेटा नहीं गया था, कपड़े मशीन में धोने के लिए डाले नहीं गए थे, ख़ाना तैयार नहीं था, धुले हुए कपड़े आयरन बोर्ड पर वैसे ही पड़े थे, बर्तनों का ढेर वॉश बेसिन में पड़ा था। पति ने गरजते हुए कहा–"यह क्या तमाशा है, घर का ये हाल क्या बना रखा है?" उसने कहा–"आज मैंने सचमुच कुछ नहीं किया है, यही सारे काम मैं चार साल से चूँकि रोज़ करती आ रही हूँ, वे आपको दिखाई नहीं दे रहे थे।" यह अहसास पति को बिल्कुल नहीं होता कि घर-गृहस्थी के कितने ढेर सारे काम हैं जो दिन का एक बड़ा हिस्सा ले लेते हैं।

पारिवारिक जीवन एक साहचर्य, तालमेल और सामंजस्य की माँग करता है, जिसमें पति और पत्नी दोनों की बराबर की हिस्सेदारी एक अनिवार्यता है। अगर यह स्थिति नहीं है तो इसे बातचीत द्वारा या खुलकर इस समस्या के हर कोण पर समय रहते चर्चा की जानी चाहिए, वरना जिन बच्चों का भविष्य सँवारने के लिए एक औरत अपनी पूरी ज़िंदगी होम कर देती है, उसका सबसे बड़ा ख़ामियाज़ा अंततः बच्चे ही भुगतते दिखाई देते हैं। वे डिप्रेशन से लेकर आत्महंता मनःस्थिति और ड्रग एडिक्शन तक के शिकार हो जाते हैं।

आर्थिक आत्मनिर्भरता बेशक प्रताड़ना की स्थिति में कोई बदलाव ला पाने में कारगर नहीं होती। पर इससे जीवन में निर्णय लेने और उन्हें कार्यान्वित करने की क्षमता ज़रूर बढ़ जाती है। बहुत से समीकरण इस आर्थिक आज़ादी के चलते बदल जाते हैं। आर्थिक रूप से सक्षम होने का, एक मध्यवर्गीय औरत को यह लाभ ज़रूर मिलता है कि ग़ैर-बराबरी और मानसिक यातना से पैदा होती भीषण स्थितियों से जूझना उसके लिए थोड़ा आसान हो जाता है, जो आर्थिक रूप से पूरी तरह पति की कमाई पर आश्रित गृहिणी के लिए संभव ही नहीं है। जहाँ एक आम गृहिणी आर्थिक रूप से पराश्रित होने के कारण उपजी स्थितियों से या वैवाहिक जटिलताओं से पूरी तरह ढह जाती है और अपने को समेट पाना उसके लिए मुश्किल हो जाता है, वहीं आर्थिक आज़ादी के बूते पर, आत्मनिर्भर स्त्री के लिए, हिंसा या पति के इतर संबंधों से उपजी जटिल स्थितियों के भीषण स्वरूप की तीव्रता कुछ कम हो जाती है। वह अपने जीवन के नक्शे को फिर से अपने सामने फैलाकर सुनियोजित कर सकती है। मानसिक ग़ुलामी से बाहर आना उसके लिये आसान होता है। उसके सामने चुनाव की सुविधाएँ और जीने के विकल्प अपेक्षाकृत अधिक होते हैं। इसलिए आर्थिक आज़ादी हर औरत के लिए सम्मान के साथ जीने की पहली शर्त है।

इसके लिए सबसे पहली ज़रूरत इस बात की है कि एक औरत अपने 'होने' और अपने 'जीने' को पहली प्राथमिकता दे। पति और बच्चों के प्रति अपनी पूरी ज़िम्मेदारी निभाते हुए भी हमेशा अपने लिए थोड़ी सी स्पेस ज़रूर रखनी चाहिए।

आमतौर पर औरतें–इनमें भी बाहर के कार्यक्षेत्र से अलग घर के लिए अपना एक-एक पल होम करती गृहिणियाँ–अपने ख़ुश होने और दुखी होने को पूरी तरह अपने पति से जोड़ देती हैं। अपने जीने के सारे अर्थ वे अपने प्रेमी पति पुरुष में तलाशती हैं। अपने 'होने' और 'साँस लेने' का मूल्य समझने के लिए वे उसकी ओर देखती हैं, जिसके भावात्मक कोने में उनके लिए कोई जगह ही नहीं है। वे हर वक़्त पति के मूड और भावभंगिमा की ओर नज़र टिकाए रहती हैं। अगर वह एक दिन चहककर बात कर लेता है या नाराज़ नहीं होता तो पत्नी धन्य-धन्य हो जाती है। जिस दिन वह नाराज़ होकर या मुँह फुलाकर घर से निकल जाता है, पत्नी सारा दिन उसकी अनुपस्थिति में भी उसके उपस्थित आक्रोश से संत्रस्त रहती है और उसके 'ठीक' होने की बाट जोहती रहती है। भारतीय समाज की यह कितनी बड़ी विडंबना है कि एक औरत का सुखी या दुखी होना उसके अपने मूड पर निर्भर नहीं करता। उसकी ख़ुशी या हताशा उसके पति के चेहरे का भाव तय करता है।

जिस दिन एक औरत यह समझ लेगी कि उसकी अपनी ज़िंदगी और उसके अपने मूड का भी एक मूल्य है और इससे खेलने का अधिकार उस व्यक्ति को तो बिल्कुल नहीं है, जो उससे प्रेम नहीं करता, उस पर शासन और नियंत्रण करना चाहता है। इस समझ के बाद स्थितियाँ ख़ुद-ब-ख़ुद उलझी हुई गाँठों को सुलझाने में कामयाब हो जाएँगी। वह जिस दिन अपने पति के इंगित से परिचालित होना बंद कर देगी और अपना एक स्वतंत्र दायरा–जिसकी पहली शर्त आर्थिक आत्मनिर्भरता है–गढ़ लेगी, जिस दिन वह अपने मन पर सिर्फ़ अपना नियंत्रण स्वीकार करेगी, स्थितियाँ ऊर्ध्वमुखी होने लगेंगी।

औरतों की कई पीढ़ियों ने सहनशीलता को अपना सबसे ख़ूबसूरत गहना माना और इसके बूते हिंदुस्तान की करोड़ों शादियाँ टिकी रह गईं। एक दिलचस्प घटना मुझे याद आ रही है। जब एक महिला संगठन की कार्यशाला के बाद एक ग्रामीण महिला ने बेहद परेशान लहज़े में पूछा–'एक साल पहले मेरी बेटी की शादी हुई। तभी से उसे उसके ससुराल वाले बहुत परेशान कर रहे हैं। उसे ठीक से ख़ाना भी नहीं देते। वह सूखकर काँटा हो रही है। मैं जाती हूँ तो मुझसे अकेले में बात भी नहीं करने देते। क्या करूँ?' एक बुज़ुर्ग कार्यकर्ता ने उसे सलाह दी–'आप रात को दही जमाती हैं तो क्या सारी रात उसमें उँगली डालकर देखती रहती हैं कि दही जमा है या नहीं? नहीं न? दही को जमने में एक रात चाहिए, उसी तरह नए माहौल में नई लड़की को अपनी तरह से तालमेल बिठाकर जमने दीजिए। वह अपने आप

उसमें रचना-बसना सीख जाएगी।' दरअसल अधिकांश माँ-बाप करते भी यही हैं। वह बार-बार रोती-कलपती बेटी को लौटकर 'एडजस्ट' करने की सीख देकर वापस उसी माहौल में रचने-बसने के गुर सिखाकर भेज देते हैं।...और एक दिन स्टोव फटने से उसके जल मरने की ख़बर पाकर पुलिस थाने और कोर्ट-कचहरी के चक्कर काटते हैं जिसका कोई परिणाम कभी नहीं निकलता। इन स्थितियों में ही आज सन् 2011 में भी मुंबई शहर में हुई सी.ए. और एम.बी.ए. की शिक्षा प्राप्त लड़कियाँ भी प्रेम विवाह के बाद अपनी सारी यातनाओं का निदान आत्महत्या में तलाशती दिखाई देती हैं।

पिछली पीढ़ी की औरतों की सबसे बड़ी ग़लती यह रही कि जहाँ बेटी को शादी करके विदा किया, माँ-बाप उसकी ज़िम्मेदारी से पल्ला झाड़ लेते थे। बेटियाँ जैसे-तैसे पूरी ज़िंदगी काट देती थीं क्योंकि उन्हें मालूम था कि माँ-बाप से उसे किसी तरह के भावात्मक आधार या संबल की आशा नहीं रखनी है। जिस दहलीज़ को लाँघकर बाहर निकल आई हैं, ज़रूरत पड़ने पर भी उसका किवाड़ खुला हुआ नहीं मिलेगा इसलिए वह कभी अपने 'दुख' अपने माता-पिता, भाई-बहन से बाँटती नहीं थी। माँ-बाप का भावात्मक संबल बेटी की शादी के बाद और भी ज़्यादा ज़रूरी हो जाता है जो उसे गैर-ज़रूरी तनावों और दबावों से अनावश्यक सामंजस्य और तालमेल बनाने पर मज़बूर न करें।

हमारी पीढ़ी की औरतें आज की युवा पीढ़ी की लड़कियों के लिए अक्सर चिंतित होती हैं कि आज तलाक की संख्या बहुत बढ़ गई है। क्या इस तरह विवाह संस्था के ही अस्तित्व को ख़तरा नहीं है? दरअसल, हमारी पीढ़ी बहुत डरी हुई है, क्योंकि उनकी स्पष्ट धारणा है कि तलाक के बाद एक लड़की को नीची निगाह से देखा जाता है। उसके लिए पुरुषप्रधान समाज में अकेले रहना बहुत आसान नहीं होता। अकेली लड़की को किराए पर घर नहीं मिलता। अकेली औरत को हर पुरुष ग़लत नज़र से देखता है जैसे उपलब्ध होने का बिल्ला उसकी पोशाक पर टँगा है। इसलिए पिछली पीढ़ी की औरतें सोचती हैं कि भूखे भेड़ियों की जमात में अकेले अपने को ससम्मान बचाकर रखना मुश्किल होगा इसलिए बेहतर है कि हम एक ही पुरुष की ज़्यादतियाँ सह लें पर विवाह की शुचिता और सुरक्षा के दायरे में बनी रहें। दरअसल हम यह सोच ही नहीं पाते कि बराबरी और सौहार्दपूर्ण वातावरण में भी विवाह संबंध पनप सकता है जहाँ पति-पत्नी दोनों एक-दूसरे को सम्मान दें। प्रेम, समझदारी, बराबरी और सम्मान के साथ एक तनावरहित स्वस्थ संबंध जीवन को कितना तरल, कोमल और सुखद बना सकता है, यह हमारी कल्पना से बाहर हो गया है। हम ऐसे संबंध को भी प्यार का नाम दे देते हैं, जहाँ एक पक्ष शासन करता है और दूसरा पक्ष नियंत्रण में रहता है। नियंत्रण और शासन तले दबे पक्ष का

डर के साये तले रहना स्वाभाविक है। ऐसे में अगर युवा पीढ़ी की लड़कियाँ अपना पूरा जीवन इस शासन और नियंत्रण के तले बिताने को अस्वीकार कर जीने का एक स्वतंत्र रास्ता तलाशती हैं तो तलाक की ओर उनके बढ़ते क़दमों से ख़ौफ़ ख़ाने की ज़रूरत नहीं है। बराबरी और सम्मान की आकांक्षा की ओर बढ़ती इस ललक को सही परिप्रेक्ष्य में देखने की आवश्यकता है।

पत्नी का व्यक्तित्व कुचलने के कुछ अस्त्र

- पत्नी को उसके मित्रों, परिचितों, रिश्तेदारों और सहायता समूहों से काट देना
- पत्नी को आर्थिक रूप से आत्मनिर्भर होने से रोकना
- पत्नी से ईर्ष्या करना या उस पर अधिकार जताना
- पत्नी पर अधिकार की भावना को अपने प्रेम का प्रतीक बताना
- उसे सेक्स करने के लिए बाध्य करना
- सबके सामने लगातार उसकी आलोचना करना
- उसे धमकाना, यातना देना और सज़ा देना
- उस पर नियंत्रण रखने के लिए बच्चों को हथियार बनाना
- सारे ज़रूरी निर्णय ख़ुद लेना, महत्त्वपूर्ण विषयों पर उसकी राय न लेना
- अर्थ पर नियंत्रण रखना। घरेलू ख़र्च के लिए पर्याप्त पैसा न देना
- उस पर दूसरे पुरुषों से संबंध रखने का आरोप लगाना
- उसे लेस्बियन करार देना

यह आलेख अपने संक्षिप्त रूप में अंग्रेजी के अख़बार 'द हिंदू', 30 मार्च, 2008 के मैगज़ीन सेक्शन में 'द वॉयलेस ऑफ़ सायलेस' और 'अंडर द क्लाउड ऑफ़ अब्यूज़' शीर्षक से तथा मराठी 'साप्ताहिक सकाल' 10 मई, 2008 में 'मूक हिंसा' शीर्षक से प्रकाशित हो चुका है।

रहोगी तुम वही

एक

'क्या यह ज़रूरी है कि तीन बार घंटी बजने से पहले दरवाज़ा खोला ही न जाए? ऐसा भी कौन-सा पहाड़ काट रही होती हो। आदमी थका-माँदा ऑफ़िस से आए और पाँच मिनट दरवाज़े पर ही खड़ा रहे-'

...

'इसे घर कहते हैं? यहाँ कपड़ों का ढेर, वहाँ खिलौनों का ढेर। इस घर में कोई चीज़ सलीक़े से रखी नहीं जा सकती?'

...

'उफ़! इस बिस्तर पर तो बैठना मुश्किल है, चादर से पेशाब की गंध आ रही है। यहाँ-वहाँ पोतड़े सुखाती रहोगी तो गंध तो आएगी ही-कभी गद्दे को धूप ही लगवा लिया करो, पर तुम्हारी तो बारह महीने नाक ही बंद रहती है, तुम्हें कोई गंध-दुर्गंध नहीं आती।'

...

'अच्छा, तुम सारा दिन यही करती हो क्या? जब देखो तो लिथड़ी बैठी हो बच्चों में। मेरी माँ ने सात-सात बच्चे पाले थे फिर भी घर साफ़-सुथरा रहता था। तुमने तो दो बच्चों में ही घर की वह दुर्दशा कर रखी है जैसे घर में क्रिकेट की पूरी टीम पल रही है।'

...

'फिर वही शर्बत! तुम्हें अच्छी तरह मालूम है-मेरा गला ख़राब है। पकड़ा दिया हाथ में ठंडा शर्बत। कभी तो अक्ल का काम किया करो। जाओ, चाय लेकर आओ-और सुनो, आगे से आते ही ठंडा शर्बत मत ले आया करो सामने-बीमार पड़ना अफोर्ड नहीं कर सकता मैं। ऑफ़िस में दम लेने की फ़ुरसत नहीं रहती मुझे-पर तुम्हें कुछ समझ में नहीं आएगा-तुम्हें तो अपनी तरह सारी दुनिया स्लो मोशन में चलती दिखाई देती है-'

...

'सारा दिन घर-घुसरी बनी क्यों बैठी रहती हो! खुली हवा में थोड़ा बाहर निकला करो। ढंग के कपड़े पहनो। बाल सँवारने का भी वक़्त नहीं मिलता तुम्हें तो बाल छोटे करवा लो, सूरत भी कुछ सुधर जाएगी। पास-पड़ोस की अच्छी समझदार औरतों में उठा-बैठा करो।'

...

'बाऊजी को ख़ाना दिया? कितनी बार कहा है, उन्हें देर से ख़ाना हज़म नहीं होता, उन्हें वक़्त पर ख़ाना दे दिया करो-दे दिया है? तो मुँह से बोलो तो सही-जब तक बोलोगी नहीं, मुझे कैसे समझ में आएगा?'

...

'अच्छा सुनो, वह किताब कहाँ रखी है तुमने? टेबल के ऊपर-नीचे सारा ढूँढ़ लिया, शेल्फ भी छान मारा। तुमसे कोई चीज़ ठिकाने पर रखी नहीं जाती? ग़लती की, जो तुमसे पढ़ने को कह दिया। अब वह किताब इस ज़िंदगी में तो मिलने से रही।-तुम औरतों के साथ यही तो दिक़्क़त है। शादी हुई नहीं, बाल-बच्चे हुए नहीं कि किताबों की दुनिया को अलविदा कह दिया और लग गए नून-तेल-लकड़ी के खटराग में। पढ़ना-लिखना गया भाड़ में-'

...

'यह कोई ख़ाना है! रोज़ वही दाल-रोटी-बैंगन-भिंडी और आ-लू। आलू के बिना भी कोई सब्ज़ी होती है इस हिंदुस्तान में या नहीं? मटर में आलू, गोभी में आलू, मेथी में आलू, हर चीज़ में आलू। तुमसे ढंग का ख़ाना भी नहीं बनाया जाता। अब और कुछ नहीं करती हो तो कम-से-कम ख़ाना तो सलीक़े से बनाया करो!-जाओ एक महीना अपनी माँ के पास लगा आओ, उनसे कुछ रेसिपीज़ नोट करके ले आना। अम्मा तो तुम्हारी इतना बढ़िया ख़ाना बनाती हैं, तुम्हें कुछ नहीं सिखाया? कभी चायनीज़ बनाओ, कांटीनेंटल बनाओ-ख़ाने में वेरायटी तो हो-'

...

'वह किताब ज़रूर ढूँढ़कर रखना, मुझे वापस देनी है। यह मत कहना-'भूल गई'-तुम्हें आजकल कुछ याद नहीं रहता-'

...

'अब तो दोनों सो गए हैं, अब तो यहाँ आ जाओ। बस, मेरे ही लिए तुम्हारे पास वक़्त नहीं है। और सुनो-बाऊजी को दवाई देते हुए आना, नहीं तो अभी टेर लगाएँगे...'

...

'आओ, बैठो मेरे पास! अच्छा, यह बताओ, मैंने इतने ढेर सारे प्रपोज़ल में से तुम्हें ही शादी के लिए क्यों चुना? इसलिए कि तुम पढ़ी-लिखी थीं, संगीत-विशारद थीं, ग़ज़लों में तुम्हारी दिलचस्पी थी, इतने ख़ूबसूरत लैंडस्केप तुम्हारे घर की दीवारों

पर लगे थे।–तुमने अपना यह हाल कैसे बना लिया? चार किताबें लाकर दीं तुम्हें, एक भी तुमने खोलकर नहीं देखी।–ऐसी ही बीवियों के शौहर फिर दूसरी खुले दिमाग़ वाली औरतों के चक्कर में पड़ जाते हैं और तुम्हारे जैसी बीवियाँ घर में बैठकर टसुए बहाती हैं? पर अपने को सुधारने की कोशिश बिल्कुल नहीं करेंगी।'

...

'तुम्हारे तो कपड़ों में से भी बेबी-फूड और तेल-मसालों की गंध आ रही है–सोने से पहले एक बार नहा लिया करो, तुम्हें भी साफ़-सुथरा लगे और...।'

...

'यह लो, मैं बोल रहा हूँ और तुम सो भी गई। अभी तो साढ़े दस ही बजे हैं, यह कोई सोने का वक़्त है? सिर्फ़ घर के काम-काज में ही इतना थक जाती हो किसी और काम के लायक ही नहीं रहतीं...'

दो

'तुम्हारी आदतें कभी सुधरेंगी नहीं। पंद्रह साल हो गए हमारी शादी को, पर तुमने एक छोटी-सी बात नहीं सीखी कि आदमी थका-माँदा ऑफ़िस से आए तो एक बार की घंटी में दरवाज़ा खोल दिया जाए। तुम उस कोने वाले कमरे में बैठी ही क्यों रहती हो कि यहाँ तक आने में इतना वक़्त लगे? मेरे ऑफ़िस से लौटने के वक़्त तुम यहाँ–इस सोफ़े पर क्यों नहीं बैठती?'

...

'अब यह घर है? न मेज़ पर ऐशट्रे, न बाथरूम में तौलिया–बस, जहाँ देखो, किताबें, किताबें, किताबें–मेज़ पर, शेल्फ पर, बिस्तर पर, कार्पेट पर, रसोई में, बाथरूम में–क्या अब किताबें ही ओढ़ें-बिछाएँ, किताबें ही पहनें, किताबें ही खाएँ?...'

...

'यह कोई वक़्त है चाय पीने का? ख़ाना लगाओ। गर्मी से वैसे ही बेहाल हैं, आते ही चाय थमा दी। कभी ठंडा नींबू-पानी ही ले आया करो।'

...

'अच्छा, इतने अख़बार क्यों दिखाई देते हैं यहाँ? शहर में जितने अख़बार निकलते हैं सब तुम्हें ही पढ़ने होते हैं? ख़बरें तो एक ही होती हैं सबमें, पढ़ने का भूत सवार हो गया है तुम्हें। कुछ होश ही नहीं कि घर कहाँ जा रहा है, बच्चे कहाँ जा रहे हैं...'

...

'यह क्या ख़ाना है? बोर हो गए हैं रोज़-रोज़ सूप पी-पीकर और यह फलाना-ढिमकाना बेक्ड और बॉयल्ड वेज़ीटेबल खा-खाकर। घर में रोज़ होटलों जैसा ख़ाना नहीं खाया जाता। इतना न्यूट्रीशन कॉन्शस होने की ज़रूरत नहीं है। कभी सीधी-

सादी दाल-रोटी भी बना दिया करो, लगे तो कि घर में ख़ाना खा रहे हैं। आजकल की औरतें विदेशी नक़ल में हिंदुस्तानी मसालों का इस्तेमाल भी भूलती जा रही हैं।'

...

'यह क्या है, मेरे जूते रिपेयर नहीं करवाए तुमने? और बिजली का बिल भी नहीं भरा? तुमसे घर में टिककर बैठा जाए, तब न! स्कूल में पढ़ाती हो, वह क्या काफ़ी नहीं है? ऊपर से यह समाज-सेवा का रोग भी पाल लिया अपने सिर पर! क्यों जाती हो उस फटीचर समाज-सेवा के दफ़्तर में? सब हिप्पोक्रेट औरतें हैं वहाँ। मिलता क्या है तुम्हें? न पैसा, न धेला! उलटा अपनी जेब से आने-जाने का भाड़ा भी फूँकती हो।'

...

'यह है तुम्हारे लाड़ले का रिपोर्ट कार्ड! फेल नहीं होंगे तो और क्या! माँ को तो फ़ुरसत ही नहीं है बेटे के लिए। अब मुझसे उम्मीद मत करो कि मैं थका-माँदा लौटकर दोनों को गणित पढ़ाने बैठूँगा। एम.ए. की गोल्ड मेडलिस्ट हो, तुमसे अपने ही बच्चों को पढ़ाया नहीं जाता? तुम्हें नया गणित नहीं आता तो एक ट्यूटर रख लो। अब तो तुम भी कमाती हो, अपना पैसा समाज-सेवा में उड़ाने से तो बेहतर ही है कि बच्चों को किसी लायक बनाओ। सारा दिन एम.टी.वी. देखते रहते हैं।'

...

'यह तुमने बाल इतने छोटे क्यों करवा लिये हैं? मुझसे पूछा तक नहीं। तुम्हें क्या लगता है, छोटे बालों में बहुत ख़ूबसूरत लगती हो? यू लुक हॉरिबल! तुम्हारी उम्र में ज़्यादा नहीं तो दस साल और जुड़ जाते हैं। चेहरे पर सूट करे या न करे, फ़ैशन ज़रूर करो।'

...

'सोना नहीं है क्या? बारह बज रहे हैं। बहुत पढ़ाकू बन रही हो आजकल। तुम्हें नहीं सोना है तो दूसरे कमरे में जाकर पढ़ो। मेहरबानी करके इस कमरे की बत्ती बुझा दो और मुझे सोने दो।'

...

'अब हाथ से किताब छोड़ो तो सही! सच कह रहा हूँ, मुझे ग़ुस्सा आ गया तो इस कमरे की एक-एक किताब इस खिड़की से नीचे फेंक दूँगा। फिर देखता हूँ कैसे...'

...

'अरे कमाल है, मैं बोले जा रहा हूँ, तुम सुन ही नहीं रही हो। ऐसा भी क्या पढ़ रही हो, जिसे पढ़े बिना तुम्हारा जनम अधूरा रह जाएगा। कितनी भी किताबें पढ़ लो, तुम्हारी बुद्धि में कोई बढ़ोतरी होने वाली नहीं है। रहोगी तो तुम वही...'

यह सूक्ष्म प्रताड़ना की ही कहानी है

'जिसके निशान नहीं दीखते' आलेख में मानसिक यातना या 'इमोशनल अब्यूज़' के बारे में जो कहा गया है, यह एकालाप कहानी उसी स्थिति को दरशाती है। ज़रूरी नहीं कि वह पति ही हो। कई मध्यवर्गीय भारतीय परिवारों में बेटों को वरीयता देते हुए बेटी को हर ग़लत काम के लिए ज़िम्मेदार ठहराया जाता है, उसके किए किसी काम को शाबाशी मिलना तो दूर की बात, उसे बात-बेबात हर चीज़ पर उलाहने दिए जाते हैं, उस पर वाक्बाण बरसाए जाते हैं। एक लड़की की ज़िंदगी जन्म से ही हिदायतों, मनाहियों और उलाहनों से सराबोर रहती है। उसे बार-बार यह याद दिलाया जाता है कि वह लड़की है और उसे जीवन के सामान्य खेल-कूद, हँसी ठट्ठे से भी वर्जित किया जाता है।

सतही तौर पर देखने पर यह कहानी, हास्य-व्यंग्य की छटा बिखेरती हुई, एक पति के औसत संवादों की ओर रोज़मर्रा की स्थितियों की कहानी लग सकती है पर एक औरत की ज़िंदगी में इसके कितने दूरगामी घातक परिणाम हो सकते हैं, यह भी चिंतन का मुद्दा है। वैज्ञानिक मानक का आधार लें तो यह माना हुआ तथ्य है कि कान से सुनने और दिमाग़ तक उस आवाज़ के पहुँचने के हिस्से के साथ-साथ ही सोचने-समझने यानी प्रज्ञा का हिस्सा जुड़ा है। घर के किसी व्यक्ति का निरंतर कानों पर ध्वनि का प्रहार करते रहना, सुनने वाले व्यक्ति के सोचने-समझने और विश्लेषण करने की क्षमता को कुंद करता है। पिछले आलेख की बात को यहाँ दोहराया जा सकता है कि दिमाग़ पर निष्क्रिय होने की चोट अंततः दिमाग़ को निष्क्रिय और संज्ञाहीन बनाकर ही छोड़ती है।

अगर मुझे अपनी अब तक की लिखी, चार दशकों के अंतराल में फैली कहानियों में से एक प्रिय कहानी चुनने के लिए कहा जाए तो मैं इस कहानी को बेहिचक चुन लूँगी। इसके पीछे बहुत से कारण हैं। कई बार लेखक के मानसिक अवरोध के

चलते क़लम ठंडे बस्ते में चली जाती है। यह अवरोध हर लेखक के जीवन में कभी न कभी आता है पर मेरे जीवन में कुछ लंबा ही खिंच गया। सन् 1980 के बाद लगभग बारह-तेरह सालों की चुप्पी के बाद मैंने 1993 में एक कहानी लिखी–'रहोगी तुम वही'। बारह साल का लंबा मौन एक लेखक के लेखकीय आत्मविकास को खंड-खंड बिखेरने के लिए काफ़ी होता है। इस बेहद छोटी-सी चार पन्नों की कृशकाय कहानी में वह मौन खुलकर सामने आ गया है। यह कहानी एक लंबे अरसे तक मेरे ज़ेहन में रही, पर इस बेहद सामान्य सी दिखने वाली थीम के लिए मुझे कहानी का फॉर्मेट नहीं मिल रहा था–संभवतः नैरेटिव स्टाइल में इसे लिखा भी नहीं जा सकता था। बेशक इसके एकालाप संवाद के बारे में कहा जा सकता है कि यह और कुछ भी हो, कहानी नहीं है। बहरहाल, यह जो भी है, मुझे लगता है, अपनी बात पहुँचाने के लिए यही एक फॉर्मेट कारगर बन पड़ा है।

कहानी लिखने के बाद एक स्थानीय लघु पत्रिका के संपादक को भेजी, जिन्होंने कहानी पढ़कर कुछ कुढ़ते हुए कहा–''क्या औरतें बोलती ही नहीं हैं, यह तो बड़ी एकतरफ़ा कहानी है।'' फिर कुछ तंज से कहा–''एक कहानी ऐसी भी लिखिए जहाँ औरत बोलती है और आदमी चुप रहता है।'' मैंने उनसे अनुरोध किया–''आप बिल्कुल सही कह रहे हैं। इस कहानी को वापस भेज दें। मैं आपको दूसरी भेजती हूँ।'' फिर इस कहानी को मैंने 'हंस' के लिए संपादक राजेंद्र यादव को भेजा। उन्होंने अगले ही अंक में इसकी घोषणा कर दी और जून 1994 में यह कहानी अंक की पहली कहानी के रूप में बड़ी प्राथमिकता से प्रकाशित की गई। कहानी छपते ही चर्चा में आ गई। अभिव्यक्ति वेबसाइट पर आते ही कई विदेशी भाषाओं में नुक्कड़ नाटक के रूप में इसका अनुवाद कर इसे खेला गया जिसने इस स्थापना को रेखांकित कर दिया कि यह सिर्फ़ भारतीय परिवेश की कहानी नहीं, यह वैश्विक समस्या है। लंदन के एक एक्सपेरिमेंटल ग्रुप ने भी इसे अंग्रेज़ी में खेला। अभिनेता सईद ज़ाफ़री ने लंदन के नेहरू सेंटर में इस कहानी का अभिनय पाठ किया। डॉ. दागमार मारकोवा ने इसका नाटक बनाकर चेक भाषा में अनुवाद किया। तूरीन, इटली की अलस्सांद्रे ने इंटरनेट से निकालकर इसे इतालवी भाषा में खेला। मुंबई की चौपाल में अभिनेता राजेंद्र गुप्ता ने कई बार इसे अपने ख़ास अंदाज़ में सुनाया।

इस कहानी को हालाँकि पुरुष वर्ग ने ख़ूब सराहा और जब भी इस कहानी का नुक्कड़ नाटक किया गया या मंच पर इसे पढ़ा गया–कई पुरुषों की यह बेबाक प्रतिक्रिया थी कि यह कहानी हमें आईना दिखाती है, लेकिन कुछेक पुरुषों की उग्र आपत्तियाँ भी सुनाई दीं कि क्या बोलने वाला पक्ष हमेशा सिर्फ़ पुरुष का ही होता है? क्या औरतें बोलती ही नहीं है? यह इकतरफ़ा कहानी है।

दरअसल यह कहानी पुरुष के लगातार बोलने और औरत के चुप रहने की कहानी है भी नहीं। इसमें हर संवाद के बीच 'रीडिंग बिट्वीन द लाइंस' की पर्याप्त गुंजाइश है। यह कहानी स्त्री के बदलने की और पुरुष के स्वभाव की यथास्थिति की कहानी है। शीर्षक 'रहोगी तुम वही' के विशेषण के बावजूद स्त्री तो बदल रही है, पुरुष अब तक सामंती है। ज़रूरत तो उसके बदलने की है। वह कब बदलेगा? यह सवाल चिरंतन है।

एक नई युवा कवयित्री नीलिमा दूबे की कविता है–

मैं घर में रहती हूँ
तो वे कहते हैं
किसी काम की नहीं है,
कुछ नहीं करती,
आलसी है,
बैठकर खाने में
शर्म नहीं आती इसे।

अब मैं कमाने लगी हूँ
बाहर आती-जाती हूँ
तो वे कहते हैं
बेशर्म-बेहया है,
समय का ध्यान नहीं रहता इसे,
घर से मतलब कहाँ है
यह अब उड़ने लगी है,
इसके पर कतरने पड़ेंगे।

कहानी

सत्ता-संवाद

'आ गए? यह लो ख़ाली हाथ झुलाते चले आए। मैंने कुछ लाने को कहा था? याद नहीं रहा। कोई नई बात है? याद रहता कब है? अब मैं बाहर भी करूँ और घर का सारा जंजाल भी सँभालूँ। मरने दो, मुझे क्या पड़ी है। मैं भी नहीं जाती! चलने दो, घर जैसे चलता है।'

...

'चप्पलें अंदर कहाँ लिये जा रहे हो? सारी दुनिया की धूल-मिट्टी कमरे में फैला दी। चप्पलें दरवाज़े पर उतारी नहीं जातीं? पैरों में मिट्टी लिथड़ती रहे, तुम्हें क्या-आज काम वाली भी नहीं आई है पर तुम्हें क्या फ़र्क़ पड़ता है। घर गंदा रहे, साफ़ रहे-तुम्हारी बला से। हर काम के लिए मैं ही मरती-खपती रहूँ-'

...

'इन उखड़ी हुई चप्पलों को पहनना बहुत अच्छा लगता है क्या? दस दिन से देख रही हूँ, पैर घसीट-घसीटकर चल रहे हो। दो मिनट मोची के पास खड़े होकर गँठवा भी नहीं सकते? सारा दिन कॉफी हाउस में पड़े सिगरेटें फूँक-फूँक कर दर्शन बघारते रहते हो। कॉफी हाउस के बाहर ही तो मोची बैठा रहता है, पर नहीं, क्यों गँठवाओ चप्पल! फटी-टूटी चप्पल पहनने में जो शान है, वह दुरुस्त चप्पल पहनने में कहाँ।'

...

'बेटा भी वही रंग-ढंग सीख रहा है। कपड़े धुलाई में डालता ही नहीं। महीने-भर से एक ही जींस और हवाई चप्पल चटखाता घूम रहा है। शेव भी नहीं करता। मैले कपड़े लादे रहने में ही शान समझता है। पिता पर पूत-आख़िर बेटा किसका है।-एक मैं ही हूँ जिसे लोक-लाज निभानी पड़ती है। वही दो-चार सूती साड़ियाँ धो-सुखाकर कलफ़ लगाकर पहनती हूँ, उस पर भी दोनों बाप-बेटे आँखे फाड़े देखते रहते हो-जैसे बड़ा सज-सँवरकर निकल रही हूँ।-मैं भी तुम दोनों की तरह

हाथ-पर-हाथ धरे फटेहाल पड़ी रहूँ तो जो चार पैसे घर में आते हैं, उसके भी लाले पड़ जाएँ।-पर तुम्हें क्या-तुम्हें तो बैठे-ठाले रोटियाँ-'

...

'वाह, थाली सरकाकर उठ गए? इस उम्र में भी नख़रे दिखाने बाक़ी रह गए हैं? पकाऊँ भी मैं और उगाऊँ भी मैं? तुमसे तो रास्ते से एक सब्ज़ी उठाकर नहीं लाई जाती। थैला हाथ में लेते हुए शर्म आती है। जब ख़ाना ख़ाने में किसी को शर्म नहीं आती तो लाने में कैसी शर्म! दो-एक बार ख़ुद ख़रीदकर लाओ तो पता भी चले कि सब्ज़ी-भाजी के भाव कहाँ जा रहे हैं। अब ख़ाली मेरी कमाई से तो घर में छत्तीस पकवान बनने से रहे। भगवान का शुक्र है कि दो वक़्त की रोटी जुट जाती है, किसी के आगे हाथ पसारने नहीं पड़ते वरना तुमने तो उसके लिए भी कोई कसर बाक़ी नहीं छोड़ी थी-'

...

'अच्छा, यह बताओ, मेरी साड़ी काम वाली को किसने दी? मैं हफ़्ता-भर बाहर क्या गई, तुमने बड़ी दरियादिली से घर का सामान जिसे-तिसे लुटा डाला! पानी भरने वाला घाटी तुम्हारी टी-शर्ट पहन रहा है, बाहर डोलता पगला बाबा तुम्हारा कुरता-पाजामा लटकाए घूम रहा है। अपने तो अपने, मेरे कपड़े भी बाँट दिए! ख़ुद फटे चिथड़े पहनो और कपड़े दीन-दुखियारों में बाँटते फिरो। पूरे मुहल्ले में एक तुम ही दाता-दानी रह गए हो-'

...

'बस, घुस गए अपने दड़बे में! एक तुम और एक तुम्हारी बाबा आदम के ज़माने की मेज़, जिस पर कहने को दो दर्जन पेन रखे हैं पर कभी हिसाब करने को हाथ में लो तो एक भी चलता नहीं। सबकी स्याही सूखी पड़ी है। इस घर का सूखा हर जगह व्याप गया है-'

...

'लो, पड़ गए किताबों में सिर डाल के! सच को बर्दाश्त करना बहुत मुश्किल होता है पर जिस पर बीतती है, सच उसी के मुँह से निकलता है। तुममें तो सच सुनने का माद्दा ही नहीं रहा कभी। वैसे बड़ा सच लिखने का दंभ करते हो। बड़ी तीखी सच्चाइयाँ उड़ेलते हो अपनी क़लम से। हिप्पोक्रेट हो तुम सब। जितने झूठे तुम सब लिखने वाले हो, शायद ही दुनिया का कोई आदमी इतना झूठ बोलता हो। और तुर्रा यह कि सच्चाई का सेहरा भी अपने ही सिर सजाए फिरते हो-'

...

'दरवाज़ा बंद कर लेने से मेरी आवाज़ बंद नहीं हो जाएगी, यह याद रखना। कमरा बंद करके लिखो फूल और पत्तियों की कविताएँ। करो आसमान, सूरज,

चाँद सितारे और समंदर की बातें। लताड़ो राजनेताओं और भ्रष्टाचारियों को और लूटो वाहवाही। घर तो अपना सँभाला नहीं जाता, दुनिया-जहान की हाँकते हो। अरे, बेटे को ही बैठकर कुछ पढ़ाया होता तो आज वह भी तुम्हारी तरह नाकारा न डोलता। अपनी ही दुनिया में क़ैद रहे ज़िंदगी-भर और दो-दो ज़िंदगियाँ बरबाद कीं। मैंने तो तुम्हारे साथ जैसे-तैसे निबाह लिया पर इसकी बीवी दो दिन में इसे छोड़ न गई तो कहना।-पर तुम्हें क्या! अपने दड़बे में बंद होकर काग़ज़ काले करते रहना-'

...

'कभी-कभी अफ़सोस होता है-घर में हम तीन प्राणी और चार कोने। सब एक-दूसरे से कटे हुए और अलग-थलग। बाप-बेटे के स्वभाव में राई-रत्ती का फ़र्क़ नहीं पर रिश्ते में छत्तीस का नाता है। मुझे तो याद नहीं आता कि कभी तुम दोनों ने बैठकर आपस में कोई सलाह-मशवरा किया हो। कोई बात करने बैठे नहीं कि बहस शुरू हो जाती है। अरे, बेटा बड़ा हो जाए तो दोस्त से बढ़कर होता है। कितना चाहती थी मैं कि तुम दोनों दोस्तों की तरह रहो! यह बात कहो तो आग लग जाती है तुम्हें। कहते हो, मैंने ही उसे तुम्हारे ख़िलाफ़ भड़काया है। और सुनो, मैं क्यों भड़काऊँगी भला! मुझे क्या पड़ी है! उसके क्या आँख-कान नहीं हैं? देखता-समझता नहीं कि घर में कैसे मेहमानों की तरह रहते हो? घर न हुआ होटल हो गया तुम्हारे लिए, बल्कि मैं तो कहूँ, जैसे वह मेरे साथ पेश आता है, सब तुमसे ही सीखा है उसने, और क्या! न तुमने मुझसे कभी प्यार के दो बोल बोले, न उससे। वह ज़माना गया! जब हथेलियों में उसका सिर लेकर उसे लोरियाँ सुनाया करते थे। हाय-उस बच्चे को वही दो-चार महीने गोद में उठाया तुमने। होश सँभालने के बाद तो तुम्हारी नफ़रत ही झेली उसने। बीस साल का होने वाला है। पर कभी जो उसके हाथ में बीस रुपए भी थमाए हों तुमने कि ले बेटा, पाव-भाजी खा लेना...'

...

'पता नहीं, जो भी थोड़ा-बहुत कमाते हो, जाता कहाँ है! मुझे तो पता भी नहीं कितना पैसा मिलता है तुम्हें! जेब तो हमेशा ख़ाली ही रहती है-'

...

'यह लो, एक और प्रेमपत्र! इस उम्र में भी तुम्हारी जेब से प्रेमपत्र ही निकलते हैं। भूखे भजन हो न हो, इश्क़बाज़ी तो हो ही सकती है। बेटा शादी की उम्र पर आ रहा है और इश्क़ बाप को चढ़ा है। पता नहीं, ये तुमसे आधी उम्र की लड़कियाँ क्या देखती हैं तुममें! सब अव्वल दर्जे की बेवकूफ़ होती हैं। मरती हैं तुम्हारी हवाई कविताओं पर। उन्हें क्या मालूम कि इन कविताओं को गूँथकर दो वक़्त की रोटी नहीं पकाई जा सकती। तुम्हारे झोले और दाढ़ी पर मरती हैं। तुम्हारे साथ रहकर

देखें। दो दिन में आटे-दाल का भाव न पता चल गया तो कहना! बड़ी हवा में उड़ती फिरती हैं-'

...

'मैं भी कितनी पागल हूँ। यह सब मैं कह रही हूँ। मैं...जो ख़ुद इतनी पागल थी। आज से पच्चीस साल पहले-याद करूँ तो दिल दहल जाता है। तुम्हारे प्यार में मरने-मिटने पर उतारू थी। लगता था, दुनिया का हर रास्ता सिर्फ़ तुम तक जाता है। तुम्हारे ख़तों की एक-एक लाइन मुझे ज़बानी याद थी। तुम्हारे एक-एक ख़त को पच्चीस बार पढ़ती थी मैं। तुम्हारी ख़ूबसूरत हैंडराइटिंग की घंटों नक़ल किया करती थी। तुम्हारी दाढ़ी में मुझे ईसामसीह नज़र आता था। कंधे पर झोला टाँगे हुए तुम मुझे दुनिया के सबसे सुंदर इंसान दिखाई देते थे।-कितनी पागल थी मैं! सोचती थी, तुम मिल जाओ मुझे तो बस और कुछ नहीं चाहिए। शादी हुई नहीं कि सारे टेक्नीकलर सपने काले-सफ़ेद हो गए। साल-भर की नून-तेल लकड़ी में सब हवा हो गया। घर के खटराग में मेरे तो बाल सफ़ेद हो गए पर तुम नहीं बदले। रहे मजनूँ-के-मजनूँ ही।...'

...

'कमाल है, एक हफ़्ते से ट्यूबलाइट ख़राब पड़ी है, किसी को कोई फ़र्क़ नहीं पड़ना। अढ़ाई तो कमरे हैं, उसमें से एक में रोशनी नहीं। वैसे ट्यूबलाइट ठीक हो भी जाए तो कौन सा अँधेरा दूर होने वाला है। भला है, बैठे रहो अँधेरे में ही।-'

...

'उफ़, बिजली का बिल भी नहीं भरा तुमने। टेलीफ़ोन तो कट ही गया है, बिजली भी कट जाएगी। पर तुम्हें क्या! कहोगे, इस औरत का दिमाग़ चल गया है, सारा दिन बड़बड़ाती रहती है। तुम्हारे साथ बाईस साल जैसे मैंने काटे हैं, कोई भी औरत पागल हो जाएगी। तुम तो घर में बैरागी से रहते हो। अब मैं स्कूल से आधी छुट्टी लेकर जाऊँ बिजली का बिल भरने। हमेशा यही होता है। मैं भी कितनी बेवकूफ़ हूँ कि अब भी तुमसे कुछ उम्मीद रखती हूँ। मुझे अब तक समझ लेना चाहिए था कि तुम...। छोड़ो, तुम्हें कोस-कोसकर अपनी ज़बान क्यों ख़राब करूँ...'

...

'अब फिर झोला उठाकर कहाँ चल दिए? यह ख़ाना जो थाली में छोड़कर उठ गए हो, कौन खाएगा? मत समझना कि मैं इतनी पतिव्रता हूँ कि तुम्हारी जूठी थाली में खाकर अपना जनम सकारथ समझूँगी। तुम्हें ख़ाने की क्या कद्र होगी! ख़ुद कमाते-धमाते तो पता चलता कि झोला लेकर बड़ी-बड़ी फ़िलॉसफ़ी हाँकने से घर का चूल्हा नहीं जलता, उसके लिए सुबह से शाम तक हड्डियाँ गलानी पड़ती हैं,

तब जाके...लेकिन तुम पर किसी बात का कोई असर नहीं होता–पता नहीं कौन-सी मिट्टी के बने हो...'

...

'अब जा ही रहे हो तो अपना यह प्रेमपत्र लेते जाओ। याद रखना, मुझसे कुछ छिपा नहीं हैं। इसे कह दो, आने को तैयार है तो मेरी ओर से कोई रुकावट नहीं। आए, सँभाले तुम दोनों को। मेरी जान छूटे। बाईस सालों में यूँ भी कितनी जान बाक़ी रह गई है–'

...

'इसलिए नहीं ख़ाने बैठी तुम्हारी थाली में कि पति-परमेश्वर की जूठन का भोग लगाऊँ। अपनी कमाई का दर्द मुझे नहीं होगा तो क्या तुम्हें होगा?–भरी थाली छोड़कर झोला उठाया और चल दिए।–'

...

'लेकिन जाओगे कहाँ? देर-सबेर यहीं आओगे–ख़ाली हाथ झुलाते...

अर्थसत्ता के कंधों पर चढ़कर ही चुप्पी टूटती है!

कहानी लिखना मेरे लिए शौक़ या रोज़मर्रा की रूटीन का हिस्सा नहीं है। किसी भी कहानी को लिखना मैं तब तक टालती रहती हूँ, जब तक कहानी के पात्र मेरे दिमाग़ में इतनी खलबली न मचा दें कि ख़ुद-ब-ख़ुद काग़ज़ पर उतरने को आमादा हो जाएँ और उन्हें अपने भीतर समेटकर रख पाना मेरे लिए असुविधा का बायस बने। मेरे यहाँ बाक़ायदा सोची-समझी, सूझ-बूझ और योजना या किसी संपादक की माँग के तहत लिखी गई कहानियाँ उँगलियों पर गिनी जाने लायक ही हैं।

इस श्रेणी में जो कहानियाँ आती है, 'सत्ता-संवाद' उँगलियों पर गिनी जाने लायक उन्हीं चंद एक कहानियों में से ही है। 'रहोगी तुम वही' के पूरक के रूप में कहानी 'सत्ता-संवाद' फिर से संवाद शिल्प में लिखी गई। 'सत्ता-संवाद' को 'रहोगी तुम वही' कहानी का विस्तार माना जा सकता है जहाँ एक कमाऊ औरत बोल रही है और उसका कवि-कलाकार पति चुप है। सब औरतें नहीं बोलतीं, नहीं बोल सकतीं। इस कहानी पर एक लेखक की बेटी ने बहुत सटीक प्रतिक्रिया दी थी। उसने अपने पापा से कहा कि जो घर चलाकर स्वयं खटकर निखट्टुओं को खिलाएगी, वह बोलेगी भी। यह खटकर खिलाना ही उसके बोलने का आधार है, कारण है। औरत सिर्फ़ तभी बोलती है, जब उसके पास अर्थ की ताक़त, अर्थसत्ता हो। आख़िर हर समाज में वर्चस्व का निर्धारण अर्थसत्ता से ही होता है। स्त्री का आर्थिक रूप से स्वतंत्र होना ही सामाजिक बदलाव की पहली शर्त है, उसकी आर्थिक आत्मनिर्भरता से बहुत सारे समीकरण बदल जाते हैं। स्त्री का आर्थिक रूप से स्वतंत्र होना उसमें आत्मविकास ही नहीं जगाता, उसमें ग़लत को ग़लत कहने की ताक़त भी पैदा करता है। पर स्त्री हो या पुरुष, कोई भी पक्ष अगर नियंत्रण करना चाहेगा तो पारिवारिक संगति (हारमनी) में असंतुलन होना स्वाभाविक है।

इस कहानी में हरफ़नमौला कलाकार मिज़ाज का पति दिखाया है कि घर की ज़िम्मेदारियों से परे अपनी ही हवाई दुनिया में रहता है। पति पत्नी के रिश्ते में, जहाँ

एक पक्ष दूसरे को दोषी ठहराता है तो लांछन के बायस हमेशा बच्चे होते हैं। बच्चे साँझा होते हैं पर दोनों पक्ष बच्चों के मामले में एक-दूसरे पर तोहमत लगाने से बाज नहीं आते। 'रहोगी तुम वही' में पति इसकी ज़िम्मेदारी पत्नी पर डालता है और 'सत्ता-संवाद' में पत्नी पति पर।

कथाक्रम : जनवरी-मार्च 2003 में जब कहानी 'सत्ता-संवाद' प्रकाशित हुई, मेरी अग्रज और आत्मीय मित्र मन्नू भंडारी का फ़ोन आया-'सुधा, तुम्हारी कहानी पढ़कर तो मुझे अपना समय याद आ गया। लगा, जैसे तुमने मेरे ही संवाद लिख दिए हैं। कई बार राजेंद्र को मैं कड़वाहट में बहुत कुछ बोल जाती थी, मेरी ज़बान पर छुरी-काँटे उग आते थे। मैं तो अपने को ही इस कहानी में देख रही हूँ।' मुझे तसल्ली हुई। मेरा काल्पनिक पात्र हक़ीक़त में बदल गया था, इससे बड़ी उपलब्धि क्या हो सकती है एक कहानी की?

दरअसल इस कहानी में सहानुभूति का पात्र पुरुष है, स्त्री तो हास्यास्पद होने की स्थिति तक बड़बड़ाती है। फिर भी यह आरोप अगर मुझ पर लगाया गया कि जहाँ सिर्फ़ पुरुष बोलता है-वहाँ भी लेखिका की पक्षधरता स्त्री के साथ है और जहाँ स्त्री बोलती है, वहाँ भी पुरुष बहुत सहानुभूति का पात्र नहीं बनता, तो संभवतः यह आरोप सही हो। यह स्त्री के प्रति मेरा पक्षपातपूर्ण रवैया है, इसके लिए मैं दोषी हूँ।

कहानी

डेज़र्ट फोबिया उर्फ़ समुद्र में रेगिस्तान

दिन, हफ़्ते, महीने, साल–लगभग पैंतीस सालों से वे खड़ी थीं–खिड़की के आयताकार फ्रेम के दो हिस्सों में बँटे समुद्र के निस्सीम विस्तार के सामने–ऐसे, जैसे समुद्र का हिस्सा हों वे। हहराते-गहराते समुद्र की उफनती पछाड़ खाती फेनिल लहरों की गतिशीलता के बीच एकमात्र शांत, स्थिर और निश्चल वस्तु की तरह वे मानो कैलेंडर में जड़े एक ख़ूबसूरत लैंडस्केप का अभिन्न हिस्सा बन गई थीं।

'आंटी, थोड़ी शक्कर चाहिए।' दरवाज़े की घंटी बजने के साथ-साथ सात-आठ साल के दो बच्चों में से एक ने हाथ का ख़ाली कटोरा आगे कर दिया।

बच्चों की आँखों के चुंबकीय आकर्षण से उन्होंने आगे बढ़कर ख़ाली कटोरा लिया, ख़ुद रसोई में जाकर उसे चीनी से भरा और लाकर उन्हें थमा दिया।

'सँभालना।' उन्होंने हल्की-सी मुस्कान के साथ एक का गाल थपथपाया और जिज्ञासु निगाहों से देखा। पूछा कुछ नहीं।

'वहाँ।' बच्चे ने आंटी की मोहक मुस्कान में सवाल पढ़ पड़ोस के फ्लैट की ओर इशारा किया, जो किसी बड़ी कंपनी का गेस्ट हाउस था, 'वहाँ अभी आए हम लोग!'

'दुबा...ई' से...' विदेशी अंदाज़ में 'आ' को खींचते हुए बड़ी लड़की ने कहा।

पीछे से नाम की पुकार सुनकर एक ने दूसरे को टोका। लौटते बच्चों की खिलखिलाहट को वे एकटक निहारती रहीं। एक खिलखिलाहट पलटी–'थैंक्यू आंटी।' उन्होंने स्वीकृति में हाथ उठाया और बेमन से मुड़ गईं खिड़की की ओर। उनके पीछे-पीछे हवा में 'थैंक्यू आंटी' के टुकड़े तिर रहे थे।

तीस साल पहले समुद्र ऐसा मटमैला नहीं था। चढ़ती दुपहरी में वह आसमान के

हलके नीले रंग से कुछ ज़्यादा नीलापन लिये दिखता। आसमानी नीले रंग से तीन शेड गहरा। लगता, जैसे चित्रकार ने समुद्र को आँकने के बाद उसी नीले रंग में सफ़ेद मिलाकर ऊपर के आसमान पर रंगों की कूची फेर दी हो। आसमान और समुद्र को अलग करती बस एक गहरी नीली लकीर। डूबता सूरज जब उस नीली लकीर को छूने के लिए धीरे-धीरे नीचे उतरता तो लाल-गुलाबी रंगों का तूफ़ान-सा उमड़ता और वे सारे काम छोड़कर उठतीं और कूची लेकर उस उड़ते अबीर को कैनवास पर उतारती रहतीं–एक दिन, दो दिन, तीन दिन। तस्वीर पूरी होने पर खिड़की के बाहर की तस्वीर का अपनी तस्वीर से मिलान करतीं और अपनी उँगलियों पर रीझ जातीं। उन्हें थाम लेते ऑफ़िस से लौटे साहब के मज़बूत हाथ और उनकी उँगलियों पर होते साहब के नम होंठ।

दस साल बाद एक दिन अचानक जब गर्मी की छुट्टियाँ ख़त्म होने पर, बच्चे वापस पंचगनी के हॉस्टल लौट गए, उन्हें समुद्र बदरंग-सा नीला लगा, जिसमें जगह-जगह नीले रंग के धुँधलाए चकत्ते थे। खिड़की के बाहर दिखाई देता समुद्र पहले से भी ज़्यादा विस्तारित था। वैसा ही अछोर विस्तार उन्हें अपने भीतर पसरता महसूस हुआ। उनका मन हुआ कि उस सपाट निर्जन असीम विस्तार पर घर लौटते हुए पक्षियों की एक क़तार आँक दें, जिनके उड़ने का अक्स समुद्र की लहरों पर पड़ता हो। उन्होंने पुराने सामान के ज़ख़ीरे से कैनवास और कूची निकाली, पर कैनवास सख़्त और खुरदरा हो चुका था और कूची के बाल सूखकर अकड़ गए थे। वे बार-बार खिड़की के बाहर की तस्वीर को बदलने की कोशिश करतीं, पर उस कोशिश को हर बार नाकाम करता हुआ समुद्र फिर समुद्र था–जिद्दी, भयावह और खिलंदड़ा।

खिलंदड़े समुद्र के किनारे-किनारे कुछ औरतें 'प्रैम' में बच्चों को घुमा रही थीं। एक युवा लड़की के कमर में बँधे पट्टे के साथ बच्चे का करियर नत्थी था, जिसमें बच्चा बँदरिए के बच्चे की तरह माँ की छाती से चिपका था।

'मुझे अपना बच्चा चाहिए' साहब की बाँहों के घेरे को हथेलियों से कसते हुए उनके मुँह से कराह-सा वाक्य फिसल पड़ा।

साहब के हाथ झटके से अलग हुए और बाएँ हाथ की तर्जनी को उठाकर उन्होंने बरज दिया। फ्रेम में जड़ी हुई तीनों बच्चों की हँसी के साथ साहब की तर्जनी की हीरे की अँगूठी की चमक इतनी तेज़ थी कि वे कह नहीं पाईं कि उनका बचपन कहाँ देखा उन्होंने। वे तो जब ब्याहकर इस घर में आईं तो दस-आठ और छह साल

के तीनों बेटों ने अपनी छोटी माँ का स्वागत किया था और वे दहलीज़ लाँघते ही एकाएक बड़ी हो गई थीं।

वह अपने दसवें माले के फ्लैट की ऊँचाई से सबको तब तक देखती रही, जब तक समुद्र की पछाड़ खाती लहरें उफन-उफनकर ज़मीन से एकाकार नहीं हो गईं। सब कुछ गड्डमड्ड होकर धुआँ-धुआँ-सा धुँधला हो गया।

न जाने कब वह खिलंदड़ा समुद्र एकाकी और हताश रेगिस्तान में बदल गया। वे खिड़की पर खड़ी होतीं तो उन्हें लगता-उनकी आँखों के सामने हिलोरें लेता समुद्र नहीं, दूर-दूर तक फैला खुश्क रेगिस्तान है। यहाँ तक कि वे अपनी पनियाई आँखों में रेत की किरकिरी महसूस करती वहाँ से हट जातीं।

'तुम्हें डेजर्ट फोबिया हो गया है।' साहब हँसते हुए कहते, 'इसका इलाज होना चाहिए।'

साहब को अचानक एक दिन दिल का दौरा पड़ा और वह उनका अतीत बन गए। पीछे छोड़ गए-बेशुमार जायदाद और तीन जवान बेटे। उतने ही अचानक उन्होंने अपने को कोर्ट-कचहरी के मुक़दमों और क़ानूनी दाँवपेचों से घिरा पाया।

तीनों बेटों के घेरने पर उन्होंने कहा कि उन्हें साहब की जमा-पूँजी, फार्म हाउस और बैंक बैलेंस नहीं चाहिए, सिर्फ़ यह घर उनसे न छीना जाए। उन्हें लगा, उनके जीने के लिए यह रेगिस्तान बहुत ज़रूरी है। घर उन्हें मिला, पर बच्चे छिन गए। तीनों बेटे अब विदेश में थे और ज़मीन-जायदाद की देख-रेख करने साल-छमाही आ जाते थे, पर आकर छोटी माँ के दरवाज़े पर दस्तक देना अब उनके लिए ज़रूरी नहीं रह गया था। उन्हें पता ही नहीं चला, कब वह धीरे-धीरे खिड़की के चौकोर फ्रेम में जड़े लैंडस्केप का हिस्सा बन गईं।

'आंटी, हम लोग आज चले जाएँगे-वापस दुबाई' वैसे ही 'आ' को खींचते हुए बड़ी लड़की ने कहा, 'हमारे ग्रैंड पा मतलब नाना हमें लेने आए हैं। चलिए हमारे साथ, उनसे मिलिए।' बच्चों ने दोनों ओर से उनकी उँगलियाँ थामीं और उनके मना करने के बावजूद उन्हें गेस्ट हाउस की ओर ले चले। इन चार दिनों में बच्चे उनके इर्द-गिर्द बने रहे थे।

सोफे पर एक अधेड़ सज्जन बैठे अख़बार पढ़ रहे थे। उन्हें देखते ही हड़बड़ाकर उठे और हाथ जोड़कर बोल पड़े, 'बच्चे आपकी बहुत तारीफ़ करते हैं-आंटी इतनी अच्छी पेंटिंग बनाती हैं, आंटी की खिड़की से इतना अच्छा व्यू दिखती है-'

बोलते-बोलते वह रुके, चश्मा नाक पर दबाया और आँखें दो-तीन बार झपकाकर बोले, 'अगर मैं ग़लत नहीं तो-आर यू-छवि?'

छवि-छवि-छवि-जैसे किसी दुर्घटना में इंद्रियाँ संज्ञाहीन हो जाएँ-वे जहाँ थीं, वहाँ खड़ी जैसे सचमुच बुत बन गईं।

'हाँ-पर आप-?' बोलते हुए उन्हें अपनी आवाज़ किसी कुएँ के भीतर से उभरती लगी।

'नहीं पहचाना न? मैं...महेश। कॉलेज में तुम्हारा मजनूँ नं. वन!' कहकर वे ठहाका मारकर हँस पड़े, 'तुम भी अब नानी-दादी बन गई होगी-पोते-पोतियों वाली...अपने साहब से मिलवाओ-'

उन्होंने आँखें झुकाईं और सिर हिला दिया--वे नहीं रहे।

'सॉरी, मुझे पता नहीं था!' उनके स्वर में क्षमा-याचना थी।

कुछ सेकंड की चुप्पी बड़ी लंबी होकर उन दोनों के बीच पसर गई जो बरसों के लंबे अंतराल को पाटने की कोशिश में एक झटके से अधरस्ते ही बिखर गई थी।

'चलती हूँ...' उन्होंने कहा और अपने घर को मुड़ गईं।...

पीछे से छोटे बच्चे ने उनका पल्लू थामा-'आंटी-आंटी-'

वे मुड़ीं। बच्चे ने एक पल उनकी सूनी आँखों में झाँका, फिर पुचकारता हुआ धीरे से बोला-

'आंटी, यू आर एन एंजेल'।

वे मुस्कुराईं, पसीजी हथेलियों से गाल थपथपाया, फिर घुटने मोड़कर नीचे बैठ गईं, उसका माथा चूमा-'थैंक्यू!' और घर की ओर क़दम बढ़ाए।

काँपते हाथों से उन्होंने चाभी घुमाई। दरवाज़ा खुला। दीवारों पर लगी पेंटिंग्स के कोनों पर लिखा उनका छोटा-सा नाम वहाँ से निकलकर पूरे कमरे में फैल गया था। कमरे के बीचोबीच वह नाम जैसे उनकी प्रतीक्षा में बैठा था। वे हुलसकर उससे मिलीं और ढह गईं। जैसे बरसों पहले बिछड़े दोस्त से गले मिली हों। खिड़की के बाहर रेगिस्तान धीरे-धीरे हिलोरें लेने लगा था।

और फिर-न जाने कैसे खिड़की के बाहर हिलोरें लेता रेगिस्तान उमड़ते समुद्र की तरह बेरोकटोक कमरे में चला आया और सारे बाँध तोड़कर उफनता हुआ उनकी आँखों के रास्ते बह निकला।

खोए हुए अस्तित्व से अचानक मुठभेड़

यहाँ नायिका निम्न वर्ग या मध्य वर्ग की न होकर रईस तबके से संबद्ध है पर स्थितियों में कहीं-न-कहीं कोई समानता ज़रूर है। चॉल के उस कमरा नंबर एक सौ पैंतीस से आगे आप बँगले में रहने वाली विशुद्ध करवाचौथी गृहिणी को देखें तो उसे भी बहुत अलग नहीं पाएँगे। फ़र्क़ सिर्फ़ शारीरिक हिंसा से हटकर बारीक़ क़िस्म की प्रताड़ना का है। ताराबाई चॉल के कमरा नंबर एक सौ पैंतीस की औरत का जिस्म जहाँ जलती हुई सिगरेट से दागा जाता है, रईस संभ्रांत परिवार में अपने को पूरी तरह होम करके जीने वाली औरत के लिए, अपने पति की हीरे की अँगूठी पहने हुए उठी हुई तर्जनी में हीरों की चौंधियाने वाली चमक ही दहशत पैदा करने के लिए और उसके बोलने की कोशिश में खुले होंठों को बंद करने के लिए काफ़ी है।

आमतौर पर निम्न-मध्य वर्ग से लेकर उच्च वर्ग तक में ऐसी सैकड़ों स्त्रियों के उदाहरण मिल जाएँगे जो शादी के बाद अपनी चित्रकारी, मूर्तिकला, कथा-कविता रचने की प्रतिभा या घर के फ़ालतू बचे-खुचे सामानों से दीवारों पर सजावट की कला—यहाँ तक कि सिलाई-बुनाई और क्रोशिए और रंग-बिरंगे धागों की क़शीदाकारी को भी त्यागकर पूरी तरह सास-ससुर, जेठ-जेठानी, बच्चे-बूढ़ों की टोली को ख़ुश रखने और घर में रौनक़ बनाए रखने के उत्साह में अपनी ज़िंदगी को पूरी तरह बेरौनक़ और बदरंग बना डालती हैं।

छवि, बेहद धनाढ्य परिवार में ब्याहकर आई एक ऐसी सर्जनात्मक स्त्री की कहानी है जो अपना बच्चा न हो पाने की कुंठा में और रईसी आभिजात्य माहौल की घुटन में बार-बार अपनी कला (चित्रकारी) तक लौटना चाहती है, अपने 'स्व' को पाना चाहती है, पर ज़िंदगी की अप्रत्याशित घटनाएँ—पति की मृत्यु—सौतेले बच्चों की उदासीनता उसे त्रस्त करती है। एकाएक पड़ोस में आए दो छोटे बच्चों का प्यार और

स्वीकृति–'आंटी यू आर एन एंजेल' और पुराने सहपाठी का 'छवि' नाम याद दिलाना उसे जैसे एक लंबी नींद से झकझोरकर जगा देता है–एक नाम, एक अस्तित्व, जिसे वह शादी के पैंतीस सालों में भूल गई थी। जब तक कोई व्यक्ति या कोई हादसा उन्हें इस नींद से जगाता है, वे उम्र के कई दशक फर्लांग चुकी होती हैं। वे अपने घर की उस बेजान चौकोर खिड़की का हिस्सा बन जाती हैं, जहाँ बाँध तोड़कर घर में घुस आया बेधड़क हहराता समुद्र भी उनके जीवन की एकरसता को तोड़ नहीं पाता।

आमतौर पर प्रयोगात्मक या शिल्प प्रमुख कहानियाँ मुझे आकर्षित नहीं करतीं, पर अक्सर ऐसा होता है कि कहानी स्वयं अपना शिल्प गढ़ती है। यह मैं बहुत गर्व से नहीं, शर्मिंदगी के साथ कह रही हूँ कि कभी-कभी मुझे शिल्प का कीड़ा काटता है। 'ऊबे हुए सुखी' रचनाकार का गद्य शायद इसे ही कहते होंगे, पर एक आभिजात्य वर्ग की स्त्री के अमूर्त क़िस्म के दुख (यों संतानहीन होने की 'मज़बूरी' के दुख को अमूर्त नहीं कहना चाहिए) जो ग़रीबी, भूख और बदहाली से परे है, को अभिव्यक्त करने के लिए मुझे ऐसी ही रूमानी शब्दावली और बारीक़ बयान का शिल्प सटीक लगा। इस तरह के शिल्प में यह ख़तरा ज़रूर रहता है कि वह 'कथ्य' का कभी-कभी गला घोंट देता है। यहाँ इस शिल्प ने कहानी का क्या हश्र (मुंबइया भाषा में 'कचरा किया') किया, यह तो पाठक ही बेहतर बता सकते हैं।

करवाचौथी औरत*

घर में कुतिया और कंप्यूटर एक साथ आए थे, इसलिए सबने लकदक, भूरी रोएँदार, बिलौटे-सी चमकती आँखों वाली कुतिया का नाम एकमत से फ्लॉपी रख दिया था।

आज करवाचौथ का व्रत था और फ्लॉपी सो रही थी। अक्सर वह सुबह पाँच बजे ही सविता को उठा देती है, पर आज उसने छह बजे उठाया, जब सूरज की रोशनी आसमान पर फैल चुकी थी। सरगी** का वक़्त निकल चुका था। हर साल की तरह इस बार भी सुबह सरगी ख़ाने के लिए सविता की नींद नहीं टूटी थी। वैसे अक्सर वह उठ भी जाती थी तो सिर्फ़ एक प्याला चाय पी लेती थी। करवाचौथ का व्रत रखने वाली दूसरी सुहागिनों की तरह पति की लंबी उम्र की कामना करते हुए सारे दिन के निर्जला उपवास की तैयारी में सुबह सूरज उगने से पहले कमर कसकर पूरी-सब्ज़ी या भरवाँ पराँठे का भरपेट नाश्ता उसके लिए असंभव था।

इधर फ्लॉपी ने अपने अलसाए हुए भूरे रोओं को स्पैनिश नृत्य की लय में झटकारकर सुबह होने का एलान किया, उधर सविता ने खीझ में अपना सिर झटक दिया। अब सारा दिन चाय की तलब सताएगी।

'चल फ्लॉपी, आजा,' वह होंठों में बुदबुदाई तो फ्लॉपी चौकन्नी होकर उचकी।

दोनों सड़क पर थे। फ्लॉपी गले में पट्टा पहनने की आदी नहीं थी। दूसरे पालतू कुत्तों की तरह वह लीश में बँधी-बँधी मालिक के पीछे-पीछे दुम हिलाती नहीं चलती थी। उसके क़दम आज़ाद थे और वह सविता के आगे-आगे, मनचाही राह

* यह कहानी 'वर्चस्व' शीर्षक से 'हंस' जून 1996 में प्रकाशित है।

** सरगी-करवाचौथ के व्रत के दिन सूर्योदय से पहले लिया गया खाना।

पर इतराती हुई चलती थी। बीच-बीच में सिर घुमाकर देख लेती कि सविता पीछे आ रही है या नहीं। यह गली, यह इलाक़ा उसकी बपौती था। अपने क्षेत्र में किसी दूसरे कुत्ते का आना उसे बर्दाश्त नहीं था। यहाँ तक कि सड़क पर एक कौआ देखकर भी वह शेरनी की तरह दहाड़ती, हिरनी की तरह कुलाँचे भरकर दौड़ती और कौओं को खदेड़कर ही दम लेती। उसके बाद वह शान से सविता की ओर विजेता की मुस्कान फेंकती। फ्लॉपी ने सुबह का अपना क्रियाकलाप समाप्त किया तो सविता ने लौट चलने का सिग्नल दिया।

फ्लॉपी ने आनाकानी की, फिर अहसान जताती सविता के ढीले क़दमों से बेपरवाह फलांगती घर पहुँच गई।

निर्जला व्रत शाम तक निढाल कर देता है, इसलिए सविता ने दोपहर बारह बजे ही रात का ख़ाना भी तैयार कर ढाँप-ढूपकर रख दिया। फ्लॉपी को भी आज शाकाहारी भोजन मिलेगा। सविता ने चावल में सब्ज़ियाँ उबालकर उसका ख़ाना तैयार कर लिया।

फ्लॉपी इठलाती हुई आई और दही-पुलाव के सात्त्विक भोजन को शूँः-शूँः कर सूँघती हुई अकड़ी हुई पूँछ के साथ कोपभवन में जाकर बैठ गई। सविता की दो बेटियों की पंक्ति में यही तीसरी नकचढ़ी बेटी थी।

'नख़रे मत कर! आज तुझे यही ख़ाना मिलेगा,' सविता ने उससे कहा, 'नहीं ख़ाना? ठीक है, बैठी रह जब भूख लगेगी न, अपने-आप आएगी ख़ाने।'

फ्लॉपी ने तिरछी नज़र से सविता की ओर देखा और कैटरपिलर की तरह हाथ-पैर समेटकर ज़मीन पर मुँह टिकाकर पसर गई।

शाम को दोनों बेटियाँ स्कूल से लौट आईं। दोनों ने उसे पुचकारा-'हाय स्वीटी पाय, व्हाय डिडन्ट यू ईट?' छोटी ने ख़ाना देखा तो नाक-भौं सिकोड़े-ममा, आप इसे घास-फूस ख़ाने को क्यों देते हो? हाऊ कैन शी ईट दिस रॉटन फूड?' फिर फ्लॉपी को गोद में लेकर पुचकारा-'ओह माई डार्लिंग, यू आर सो हंगरी। व्हॉट अ पिटी।'

अपने पापा के लौटते ही बेटियाँ शिकायत का पुलिंदा लेकर हाज़िर हो गईं-'पापा, देखो ना, मॉम इज टॉर्चरिंग पुअर लिटल सोल।'

सविता ने हँसकर कहा-'आज फ्लॉपी ने भी मेरे साथ करवाचौथ का व्रत रखा है।'

'व्हॉट रबिश, यू कांट बी सो क्रुएल' बौखलाते हुए साहब मज़बूत क़दमों के साथ रसोई में दाख़िल हुए, डीप फ्रीजर से फ्लॉपी का मनपसमद पोर्क मिंस्ड निकाला, डिफ्रॉस्ट किया और गैस पर चढ़ा दिया।

फ्लॉपी ने सविता को चिढ़ा-चिढ़ाकर, चटखारे ले-लेकर ख़ाना साफ़ किया और हमेशा की तरह सविता की साड़ी से मुँह रगड़कर पोंछ लिया। छोटी बेटी ने फ्लॉपी को शाबाशी दी–'गुड गर्ल, दैट्स द पनिशमेंट। मम्मी की 'करवाचौथ-स्पेशल' लाल साड़ी ख़राब कर दी।' बड़ी बेटी ने पापा की ओर से फ़रमाइश की–'फ्लॉपी को तो पापा ने खिला दिया, अब आप पापा के लिए थोड़े से चिप्स फ्राई कर दो। प्लीज़, मम्मा! हमें भी भूख लगी है।'

सविता उठी और सूखते गले को थूक निगलकर तर करते हुए आलू के चिप्स तल दिए और सिर पकड़कर लेट गई। यह सरगी में चाय न पीने की सज़ा थी।

सूरज जब शाम को ऊब-डूब हो रहा था, सविता ने सब लाल-गुलाबी साड़ी वालियों के साथ वृत्ताकार बैठकर पूजा की। जब सब हाथ जोड़कर बैठी थीं, फ्लॉपी ने धीरे से दायाँ पंजा बढ़ाकर पूजा की थाली का लाल कपड़ा सरकाया और काग़ज़ी बादाम के दो दाने मुँह में सटक लिये। सविता सूखे गले से कुँकुआई तो छोटी बेटी फ्लॉपी को नवजात बच्चे की तरह दोनों बाँहों में समेटकर भीतर से ले गई। फ्लॉपी पर 'हैंडल विथ केयर' का लेबल लगा था। कुछ भी कहना बेकार था। घर में फ्लॉपी के सात ख़ून माफ़ थे।

इस बार पक्की चौथ थी। चाँद देर से निकलने वाला था। मेज़ पर ढका हुआ ख़ाना सबने गरम किया, स्वाद ले-लेकर खाया और खाते हुए चाँद के न निकलने को लेकर परेशान होते रहे।

आख़िर चाँद निकला। सविता ने जाली की ओट से चाँद देखा, अर्घ्य दिया और हाथ जोड़कर मन ही मन कहा–'हे गौरजा माता, अगले जनम में अगर मुझे मनुष्य-योनि में जन्म न मिले तो पशु-योनि में मुझे किसी घर की पालतू कुतिया बना देना ताकि मैं करवाचौथ के दिन अपना जूठा मुँह किसी सुहागिन की लाल साड़ी से पोंछ सकूँ।'

दरवाज़े पर बैठी फ्लॉपी ने अघाई नज़रों से सविता की ओर देखा और जीभ बाहर निकालकर लार टपकाती हुई अधमुँदी आँखों से ऊँघने लगी।

एक 'खाँटी घरेलू औरत' की औक़ात...

करवाचौथी औरत–यह कहानी करवाचौथ के व्रत के एक दिन की कहानी कहती है। घर का पालतू कुत्ता या कुतिया बेहद मुहब्बती और संवेदनशील प्राणी होता है–बचपन से (यानी जब वह एक हथेली में समाने लायक बित्ते भर का होता है) वह हमारे साथ होता है तो वह परिवार के सदस्य से बढ़कर हो जाता है। वह इसलिए कि हम इंसान तो बोलकर अपना प्यार और ग़ुस्सा सभी कुछ ज़ाहिर कर देते हैं पर यह बेज़बान प्राणी सिर्फ़ अपनी नम आँखों से या मुँह घुमाकर अपना प्यार या रूठना ज़ाहिर कर देता है। इतना कि उसे बाहर का कोई आदमी उसे नाम से न बुलाकर जाति से संबोधित करे यानी कुत्ते को कुत्ता कह दे तो घर के सभी सदस्य फ़ौरन उसका नाम बता देते हैं कि इसे इसके नाम से बुलाया जाए। लेकिन इसे सहेज-सँभालकर बड़ा करने वाली औरत को क्या उसके खड़े होने भर की भी जगह मिल पाती है?

इस डेढ़ हड्डी की मरियल सी कहानी में स्वर ज़रूर मज़ाहिया है पर बात उतनी ही गंभीर है। ग़ौर करें कि एक पालतू कुतिया 'फ्लॉपी' और घर की तथाकथित मालकिन के बीच लगातार एक सी स्थितियों और रोज़मर्रा की रूटीन से निबटने की रस्साकशी है, जिसमें कुतिया और घर की औरत का कमोबेश रोल रिवर्सल है। अगर इनकी गिनती करें तो–

एक–घर की लाड़ली पालतू कुतिया का नाम है 'फ्लॉपी' और उसे सब उसके नाम से ही बुलाते हैं, जबकि घर की मालकिन, दो बेटियों की माँ और एक अदद साहब की बीवी अपने नाम से कम और ओहदे से अधिक जानी जाती है।

दो–'फ्लापी' का अपने अलसाए हुए भूरे रोओं को स्पैनिश नृत्य की भंगिमा में झटकारकर सुबह होने का एलान करना और सविता, कविता या वनिता नाम की औरत का खीज में दिन शुरू करना, क्योंकि उसे दिन भर चाय न पीने की सज़ा झेलनी है–दोनों के ओहदों के पलड़ों को आँकने की शुरुआत करता है।

तीन–'फ्लापी' गले में पट्टा बाँधने की आदी नहीं और दूसरे पालतू कुत्तों की तरह लीश में बँधी-बँधी मालिक के पीछे-पीछे दुम हिलाती नहीं चलती जबकि घर की औरत उसके पीछे-पीछे दुम हिलाती उसके आदेशानुसार अपना रास्ता तय कर रही है और घर की तथाकथित मालकिन से पहले ही 'फ्लॉपी' फलांगती हुई बेपरवाह क़दमों से घर पहुँचकर अपनी अघोषित आज़ादी का एलान करती है।

चार–'फ्लॉपी' का इलाक़ा घर के भीतर ही नहीं, घर की दहलीज़ के बाहर भी फैला है–जहाँ वह अपनी गली और इलाके की बपौती समझकर शेरनी की तरह दहाड़ती और हिरनी की तरह कुलाँचे भरती है पर सविता का इलाक़ा दहलीज़ के भीतर ही सिमटा है, जहाँ वह 'फ्लॉपी' की ज़्यादती पर सूखे गले से कुँकुआ सकती है क्योंकि उस घर में 'फ्लॉपी' के सात ख़ून माफ़ हैं।

कुल जमा बात यह है कि एक गिरस्तिन (होममेकर–गृहिणी का रुतबा ज़रा सा ऊपर बढ़ा देने वाला अंग्रेज़ी अनुवाद) औरत की बेकद्री के असंख्य कारण हो सकते हैं। यह भी कि शादी के तीस-पैंतीस साल बाद भी घर की तथाकथित मालकिन को शाब्दिक रूप से 'कुतिया' (जिसका अंग्रेज़ी में अनुवाद 'बिच' ज़्यादा संभ्रांत लगता है!) का ख़िताब अपने पढ़े-लिखे शालीन संभ्रांत पति द्वारा मिल सकता है, पर वैसा सम्मान नहीं मिलता जो उसकी 'ज़ात-बिरादरी' की 'फ्लॉपी' को परिवार के हर सदस्य से मिल जाता है!

"हमारे यहाँ कुछ व्रत-उपवास ऐसे हैं, जिनको करने के बाद स्त्री अपने पति के पैर छूने जाती है और पति महाशय, गाँव-देहात के सामान्य साधारण की बात तो छोड़ ही दें, शहर के पढ़े-लिखे, आधुनिकता का तमगा लटकाए, स्त्री-पुरुषों की बराबरी का ढोल पीटने वाले लोग भी उस समय शुद्ध 'पति परमेश्वर' बने आराम से अपने पैर आगे बढ़ा देते हैं। क्या पुरुष मात्र का सामंती अहं इस बात से तुष्ट नहीं होता कि स्त्री उसके चरणों का स्पर्श करे, उसके चरणों में लोटे? कभी कोई इनके आचरण पर टिप्पणी करे तो तुरुप के पत्ते की तरह यह तर्क तो हमेशा उनके हाथ में रहता ही है–'अरे, हमें तो ख़ुद ही यह सब बिल्कुल पसंद नहीं, पर क्या करें, पत्नी की ख़ुशी के लिए, उसके संतोष के लिए करना पड़ता है।'

पत्नी के सुख और संतोष की दावेदारी करने वाले ऐसे ही लोगों में से दो-एक को तो मैंने अपनी पत्नी को मारते भी देखा है। कुछ पत्नियाँ अपने शरीर पर प्रहार झेलती हैं तो कुछ अपनी भावनाओं पर–जैसे झेलना-भोगना तो पत्नियों की नियति ही हो!"

(मन्नू भंडारी–एक कहानी यह भी, पृष्ठ 116)

नारीवाद से सख़्त परहेज़ करने वाली, नारीवादी कहलाए जाने से भरसक बचने की सायास कोशिश करने वाली मन्नू जी की कोई भी रचना उठा लें तो उसमें इस तरह की टिप्पणियाँ, घोषणाएँ या जुमले बहुतायत में मिल जाएँगे जिन्हें लेकर नारीवाद का परचम लहराया जा सकता है। मन्नू जी की इसी बात को आगे बढ़ाते हुए कहूँ तो एक पढ़ी-लिखी, समझदार औरत का प्रगतिशील पति का अहं भी इस बात से तुष्ट होता ही है कि उसकी पत्नी ने उसकी सलामती के लिए करवाचौथ का व्रत रखा है और एक विदुषी महिला को उसने अपने चरणों में डाल रखा है। वह भी अपनी पत्नी के साथ-साथ चाँद के समय से न निकलने को लेकर अपनी परेशानी और खीझ ज़ाहिर करता है।

हर औसत हिंदी फ़िल्म में होली-दीवाली की तरह करवाचौथ के व्रत का त्योहार अपने शादी के लाल जोड़े, माँगटीके और मंगलसूत्र पहने गुड़िया-सी सजी-धजी औरतें, हाथ में थाल और चलनी से दिखते चाँद में, अपने प्रेमी पति की तस्वीर का अच्छा-ख़ासा रंग-बिरंगा कोलाज रचती है जो आज के उपभोक्ता बाज़ार में ख़ासा बिकाऊ है। करवाचौथ के गानों के सी डी तैयार होते हैं। सरगी की ख़ास मट्ठियों और दूध में डालकर ख़ाने वाली फेनियों से मिठाई की दुकानें अँटी पड़ी होती हैं। एक तथाकथित आधुनिक ट्विस्ट इसमें यह दिया गया है कि आज बराबरी के अधिकार पर मुहर लगाने वाला आधुनिक पति (बाग़बान में अमिताभ बच्चन अपनी पत्नी हेमा मालिनी के लिए और दिलवाले दुल्हनिया ले जाएँगे में शाहरुख ख़ान अपनी होने वाली पत्नी काजोल के लिए) भी निर्जला व्रत रखता है। हक़ीक़त में यह कितना व्यवहार में आ पाया है, उसे मापने का कोई आँकड़ा नहीं है। पाठकगण या तो ख़ुद पत्नी के साथ निर्जला व्रत रखें और जानें कि चाँद निकलने तक निर्जला व्रत रखकर पत्नी की क्या दुर्दशा होती है या पत्नियों को भी इस फ़िज़ूल का स्वाँग धरने से रोकें।

एक औरत : तीन बटा चार

एक तीस बरस पुराना घर था। वहाँ पचास बरस पुरानी एक औरत थी। उसके चेहरे पर घर जितनी ही पुरानी लकीरें थीं।

तब वह एक ख़ूबसूरत घर हुआ करता था। घर के कोनों में हरे-भरे पौधे और पीतल के नक्काशीदार कलश थे। एक कोने की तिकोनी मेज़ पर ताज़े अख़बार और पत्रिकाएँ थीं। दूसरी ओर नटराज की कलात्मक मूर्ति थी। कार्निस पर रखी हुई आधुनिक फ्रेम में जड़ी, विदेशी पृष्ठभूमि में एक स्वस्थ-संतुष्ट दंपती के बीच एक ख़ूबसूरत लड़की की तस्वीर थी। उसकी बग़ल में सफ़ेद रूई से बालों वाले झबरैले कुत्ते के साथ एक गोल-मटोल बच्चे की लैमिनेटेड तस्वीर थी।

घर के साहब और बच्चों की अनुपस्थिति में भी उनका जहाँ-तहाँ फैला सामान उनकी बाक़ायदा उपस्थिति की कहानी कहता था। उस फैलाव को समेटती और उस घर को घर बनाती हुई यहाँ से वहाँ घूमती एक ख़ूबसूरत औरत थी–आख़िरी अँगुली पर डस्टर लपेटे–हर ओने-कोने की धूल साफ़ करती हुई, हर चीज़ को क़रीने से रखती हुई, लज़ीज़ ख़ाने को धनिए की हरी-हरी कटी हुई पत्तियों से सजाकर तरह-तरह के आकारों वाले ख़ूबसूरत बर्तनों में परोसती हुई और फिर रात को सबके चेहरे की तृप्त मुसकान को अपने चेहरे पर लिहाफ़ की तरह ओढ़कर सोती हुई।

इसी दिनचर्या में से समय निकालकर वह औरत बाहर भी जाती–बच्चों की किताबें लेने, साहब की पसंद की सब्ज़ियाँ लेने, घर को 'घर' बनाए रखने का सामान लेने। हर महीने की एक निश्चित तारीख़ को वह अपनी हमउम्र सखी-सहेलियों के घर चाय-पार्टी में भी हिस्सा लेती, पर हर बार घर से बाहर निकलते समय वह अपना एक हिस्सा घर में ही छोड़ आती। वह हिस्सा घर के सेफ्टी अलार्म जैसा था

जिसका एक तार उस औरत से जुड़ा था। अचानक बाज़ार में ख़रीदारी करते हुए या सहेली के घर नाश्ते की प्लेट हाथ में पकड़े हुए अचानक उस तीन-चौथाई औरत का तार खनखनाने लगता। वह घड़ी की ओर टकटकी लगाकर देखने लगती और अपने छूटे हुए हिस्से से मिलने को बेचैन हो उठती। घर की दहलीज़ के भीतर पाँव रखते ही दोनों हिस्से जब चुंबकीय आकर्षण से एक-दूसरे से मिल जाते तो वह राहत की लंबी साँस लेती। स्कूल से लौटते अपने बच्चों को दोनों बाँहों में भर लेती और बच्चों के साथ साहब का इंतज़ार करने लगती। बच्चों की आँखों में अपनी मासूम माँग के पूरे होने की चमक होती कि माँ दिन-भर कहीं भी रहे, पर उनके स्कूल से लौटने से पहले उन्हें घर में उनके पसंदीदा नाश्ते के साथ माँ हाज़िर मिलनी चाहिए। यही हिदायत साहब की भी थी।

इन हिदायतों और फ़रमाइशों की सुनहरी चकाचौंध में उसने इस बदलाव पर भी ग़ौर नहीं किया कि उसके दोनों हिस्सों की फाँक में खाई बढ़ती जा रही है। घर में छूट जाने वाला एक-चौथाई हिस्सा धीरे-धीरे फैलता गया और उसने तीन-चौथाई हिस्से को अपनी ओर खींच लिया। अब वह बाहर जाती तो एक-चौथाई हिस्सा ही उसके साथ जाता, जिसे देखकर सखी-सहेलियाँ, नाते-रिश्तेदार उसे आसानी से नज़रअंदाज़ कर देते। बाहर का सारा काम जल्दी-जल्दी निबटाकर वह घर लौट आती तो देखती कि दूसरा हिस्सा नदारद है। दरअसल, उस हिस्से का चुंबकीय आकर्षण भोथरा हो गया था। वह पूरे घर में उसे ढूँढ़ती फिरती। बच्चे, जो अब बच्चे नहीं रहे थे, हँसकर पूछते-''क्या खो गया है मॉम? हम मदद करें?''

'नहीं, मैं ख़ुद देख लूँगी-' वह अपनी झेंप मिटाती-सी कहती।

'यहाँ, इस कमरे में तो नहीं है न?-प्लीज़...!'

बच्चे बड़ों की मुद्रा में समझा देते कि उन्हें अपना काम करने के लिए अकेला छोड़ दिया जाए।

वह कमरे से बाहर आ जाती और बदहवास-सी बैठक के कोने में पड़े फूलदान से टकरा जाती, जहाँ प्लास्टिक के ख़ूबसूरत फूलों के बीच उसका वह हिस्सा इस क़दर ढीला पड़ा होता कि पहली नज़र में तो वह दिखाई ही नहीं देता। फिर पहचान में भी नहीं आता कि यह वही है जो पहले दहलीज़ पर पाँव धरते ही उससे उमगकर आ जुड़ता था। अब वह सेफ्टी अलार्म की तरह वक़्त पर खनखनाता भी नहीं। बिना सिग्नल के भी वह वक़्त पर लौट ही जाती।

आने के बाद उसके वक़्त का एक बड़ा हिस्सा उसे घर के ओने-कोने में तलाशते हुए बीतता। वह बार-बार भूल जाती कि घर से निकलते वक़्त उसे कहाँ छोड़ा था।

कभी वह देखती कि लॉन में पानी डालते हुए वह उसे वहीं छोड़ आई थी और वह उसे गेंदे की क्यारी के किनारे लगी ईंटों की तिकोनी बाड़ पर लुढ़का हुआ मिलता। कभी वह देखती कि दरवाज़े के साथ लगे साइनबोर्ड के पास ही जूतों के बीच वह धूल–मिट्टी से सना पड़ा है। वह उसे हाथ बढ़ाकर सहारा देती, उसकी धूल–मिट्टी झाड़ती और धो–पोंछकर सबकी नज़रों से बचाते हुए दुपट्टे में छिपाकर अपने साथ लिये चलती।

कभी–कभी बच्चे, जो अब बड़े हो गए थे, आते–जाते पूछ भी लेते–'यह तुमने पल्लू में क्या छिपा रखा है?'

'कहाँ! कुछ भी तो नहीं–' वह कुछ और सतर्कता से उसे ढक लेती–इस उम्मीद में कि उनके अगले सवाल पर वह ख़ुद उसे उघाड़कर दिखा देगी और उनसे इस हिस्से के बारे में सलाह–मशवरा करेगी। पर बच्चे अपनी बड़ी व्यस्तताओं में इतने मुतमईन होते कि उसके कुछ कहने से पहले ही फ़ौरन आगे बढ़ लेते–'अच्छा! समथिंग पर्सनल? ओ.के.कैरी ऑन, मॉम!'

वह घर की हालत देखती और दुखी होती। लकड़ी के फर्नीचर की वॉर्निश बेरौनक़ हो गई थी। घर के अंदर के पौधे धूप और हवा के बिना मुरझाने लगे थे। बैठक के सोफ़ों और कुर्सियों की गद्दियों की सीवनें उधड़ने लगी थीं। दरवाज़ों और खिड़कियों के काँच पारदर्शी नहीं रह गए थे। बैठक से ऊपर बेडरूम को जाती सीढ़ियों की रेलिंग के हत्थों और कोनों में धूल की बेशुमार तहें थीं। फ्रेम में जड़ी तस्वीरों के रंग फीके पड़ गए थे। पूरे घर पर जैसे धुँधले से आवरण की चादर फैली थी और इन सबके बीच बार–बार गुम होता उसके सम को बिगाड़ता वह तीन–चौथाई हिस्सा उसे अस्त–व्यस्त कर रहा था।

अब वह उसे साथ लिये–लिये, साहब का इंतज़ार करती कि शायद साहब उसके इस बेडौल अनुपात के बारे में पूछताछ करें, पर साहब ठीक ख़ाने के वक़्त पर बिना इत्तला किए दो–चार मेहमानों को साथ लिये लौटते या बाहर किसी होटल में ख़ाना खाकर देर से लौटते और लौटने के बाद भी वहाँ ही होते जहाँ से लौटे थे। पलकों पर नींद के हावी होने तक साहब बाईं ओर झुके–झुके फ़ोन पर बातें करते रहते या गावतकिये पर बाईं टेक लगा किसी फाइल में सिर गड़ाकर पड़े रहते। ऐसी एकाग्रता से उनका ध्यान खींचना किसी ख़तरे की घंटी जैसा था, जिसे बजाने से उस खाई के फट जाने का डर था, जिसे लेकर वह चिंतित थी।

सबके सो जाने के बाद और अपने सोने से पहले वह अपने पल्लू में छिपे उस मांस के लोथ से पड़े ढीले हिस्से को धीमे–से थपककर सुला देती और फिर ख़ुद सो

जाती, पर सुबह जब उठती तो देखती कि उसके उठने से पहले ही वह हिस्सा जागकर साहब के पैताने खड़ा सबके उठने का इंतज़ार कर रहा है और रात-भर के उनींद से उसकी साँसें कुछ श्लथ हैं। उन साँसों का श्लथ होना उसमें सुबह-सुबह ही ऐसी बेचैनी भर देता कि उसका मन होता, उस ढीले, बीमार लोथ को वहीं अपने हाल पर छोड़कर, अपना बचा-खुचा, सही-सलामत तिहाई-चौथाई हिस्सा लेकर ही इस मटमैले घर से हमेशा के लिए पलायन कर जाए। वह इस बारे में गंभीरता से सोच ही रही थी कि एक हादसा हो गया।

एक सुबह साहब सोकर तो उठे पर उठ नहीं पाए। वह अभी सो ही रही थी। जगी तो देखा. साहब के पैताने खड़ा उसका वह हिस्सा अपना पूरा ज़ोर लगाकर साहब को बिस्तर से उठ बैठने में मदद कर रहा है। वह आँखें फाड़े देखती रह गई। वह जो उस पर पूरी तरह निर्भर था, जो उसके सहारे के बिना लुंज-पुंज जहाँ-का-तहाँ पड़ा रहता था, बिना उसकी इज़ाज़त लिये आज इस क़दर जाग्रत्, चौकन्ना और क्रियाशील दिखाई दे रहा था। पर उस हिस्से की सारी मेहनत और तरकीब बेकार गई। साहब फिर कटे हुए पेड़ की तरह ढह गए और कराहने लगे।

उसने फ़ौरन डॉक्टर, हक़ीम बुलाए। डॉक्टर ने मुआयना किया और बताया कि साहब की गर्दन और पीठ की शिराओं में संकुचन हो गया है और ऐसा बरसों से साहब के एक ही ओर झुके रहने के कारण हुआ है। साहब कार में बैठते तो एक ओर झुककर अख़बार पढ़ते, चेयरमैन की कुर्सी पर बैठे फ़ोन पर बतियाते तो एक ओर झुककर दाहिने हाथ से ख़ाना खाते तो ऐसे, जैसे बाईं ओर बैठे किसी दूसरे के मुँह में निवाला डाल रहे हैं। साहब का शरीर जो बाईं ओर को टेढ़ा हुआ कि सीधा होने का नाम ही न ले। यहाँ तक कि जब वह चलते तो भी पीसा की मीनार की तरह उनका एक ओर को झुकाव दूर से ही देखा जा सकता था। अब जबकि वह सीधा होना चाहते थे तो रीढ़ की हड्डी ने जवाब दे दिया था। उसकी लोच ख़त्म हो गई थी और वह धातु की तरह सख़्त और एक जोड़ थी। ज़रा-सा-हिलना-डुलना उनके लिए असह्य था और उस ओर हल्के से दबाव से भी हड्डी में तरेड़ आने की संभावना थी।

पचासों दवाइयाँ, इंजेक्शन, ट्रैक्शन, डायाथर्मी यानी हर संभव इलाज किया गया, पर साहब की कराहों में कोई फ़र्क़ नहीं पड़ा। दिन, हफ़्ते, महीने गुज़रते गए। डॉक्टर ने ऐलान कर दिया कि यह मर्ज़ लाइलाज है और वह पहले की तरह अब कभी दफ़्तर नहीं जा पाएँगे। उनकी शिराओं को मुलायम करने के लिए व्यायाम करवाए जाने लगे। वह साहब के लिए दूध, सूप या फलों का रस लेकर आती तो

देखती, उसका वह तीन-चौथाई हिस्सा पहले से उन्हें व्यायाम करवाने और तीमारदारी में जुटा है।

आख़िरकार दोनों की मेहनत रंग लाई। साहब बिस्तर से ख़ुद उठकर बैठने लगे, ख़ुद चलकर ग़ुसलख़ाने जाने लगे। दफ़्तर से फाइलें घर पर आने लगीं और साहब ने घर पर ही दफ़्तर खोल लिया। डॉक्टर ने देखा तो उन्हें धीरे-धीरे चलने की हिदायत दे दी। उनके लिए एक ख़ास क़िस्म की छड़ी बनवाई गई, जिसे एडजस्ट कर छोटा-बड़ा किया जा सकता था। वह छड़ी उनके दाएँ हाथ में थमा दी गई। पर साहब का बायाँ हिस्सा इतना कमज़ोर हो चुका था कि उसे भी सहारे की ज़रूरत थी। उस हिस्से के लिए लकड़ी या मेटल की मज़बूत छड़ी कारगर नहीं थी। उस ओर के लिए एक ऐसी छड़ी की दरकार थी, जो साहब के बाएँ हिस्से के अनुरूप अपने को हर माप के साँचे में ढाल सके। इसके लिए उस तीन बटा चार मांस के लोथ से ज़्यादा लचीला और क्या हो सकता था? साहब को बड़ा-छोटा, ऊँचा-नीचा जैसा सहारा चाहिए होता, वह पलक झपकते अपने को उस आकार में ढाल लेता।

उसने देखा, साहब की तबीयत में सुधार होने के साथ-साथ उसका वह तीन-चौथाई हिस्सा भी सेहतमंद हो रहा था। अब भी रात भर साहब के पैताने जागने के बावजूद उसकी साँसों में शिथिलता नहीं रही थी। अब उसे ढूँढ़ना नहीं पड़ता था। बाक़ी की ज़िंदगी के लिए साहब की बग़ल में उसकी जगह सुनिश्चित हो चुकी थी।

अपने लिए कब जीना सीखेगी औरत?

इस कहानी की औरत पूरे एक वर्ग का प्रतिनिधित्व करती है। हिंदुस्तान की महिलाओं का एक बड़ा प्रतिशत विशुद्ध गृहिणी वर्ग है। यह वर्ग ऐसा है जिसका अपना कोई अस्तित्व है ही नहीं।

एक पढ़ी–लिखी हिदुस्तानी औरत की त्रासदी ही यह है कि पूरी तरह घर, पति और बच्चों को समर्पित, अपनी निजी ज़िंदगी का एक महत्त्वपूर्ण और सुनहरा हिस्सा वह अपना घर सुचारु रूप से चलाने में, अपने पति की रुचि और पसंद के अनुसार अपने आपको ढालने में और अपने बच्चों की पढ़ाई तथा उनके भविष्य की चिंता में होम कर देती है। अपने पति और बच्चों को आगे बढ़ते, फलते-फूलते देखकर वह एक लंबे अरसे तक अपने तईं परम तृप्त, अघाई रहती है, जब तक उसके सींचे हुए पौधे अपनी जड़ों में पानी डालने के लिए उसके मोहताज़ नहीं रह जाते। तब जाकर अपने आपको ढूँढ़ने का उसका अभियान शुरू होता है, पर उसका अपना आप उसके ढूँढ़े नहीं मिलता।

घर–गृहस्थी के दलदल में एक गृहिणी के पाँव धीरे–धीरे इतने गहरे धँसते जाते हैं कि वह अपने को उस दलदल में से चाहते हुए भी निकाल नहीं पाती। अंततः यह घर का जंजाल उसे पूरा का पूरा लील जाता है। यह गृहिणी औरत घर से इतना ज़्यादा जुड़ जाती है कि वह घर के फर्नीचर और दीवारों का एक हिस्सा हो जाती है। वह किसी भी काम से घर के बाहर जाए, घर की दीवारें उसे किसी चुंबक की तरह खींचती रहती हैं। होता यह है कि वह अपने को पूरा का पूरा कभी साथ ले जा ही नहीं पाती। शुरुआत में अपना एक–चौथाई हिस्सा घर पर छोड़कर जाती है पर धीरे–धीरे वह तीन–चौथाई हिस्से को घर–गृहस्थी में ऐसा बझा हुआ पाती है कि बड़ी प्रसन्नता से अपने एक चौथाई हिस्से से ही अपने लिए मुतमइन हो रहती है।

चालीस–पैंतालीस की उम्र के बाद यह औरत अचानक पाती है कि वह एक फ़ालतू सामान की तरह घर में पड़ी है। बच्चे अपने पैरों पर खड़े हैं और माँ उनके

लिए बहुत बड़ी ज़रूरत नहीं रह गई है। पति के लिए वह एक 'आदत' बन चुकी है। अब या तो वह पुराने ज़माने की औरत की तरह अपने तथाकथित 'त्याग' को लेकर आत्ममुग्ध स्थिति में गद्गद भाव से प्रतिष्ठित हो ले या अपने बीते दिनों की जुगाली कर आँसू बहाए। होता यह है कि अपने घरेलू सिंहासन के आकस्मिक स्थानांतरण से बौखलाकर वह अपना मानसिक संतुलन खो बैठती है और अपने अस्तित्व की सार्थकता की तलाश में छटपटाती है। इसे वह 'मेनोपॉज' या 'हॉर्मोंस' के 'इंबैलेंस' का नाम देकर अपने को बहलाने में एक हद तक कामयाब भी हो जाती है। अगर एक औरत उससे पहले ही सँभल जाती है तो इसमें ग़लत क्या है? उसने क्या गुनाह किया है कि उसे पति और बच्चों के भविष्य के सुनिश्चित होने तक अपने बारे में सोचने का अधिकार ही नहीं है?

इस कहानी की तीन बटा चार औरत क़स्बे की नहीं, महानगर की है। कई बार यह भी देखा गया है कि पति की ज़्यादतियों से, विवाहेतर संबंधों से संत्रस्त, तलाक की कगार पर पहुँची औरतें भी पति की बीमारी की ख़बर पाते ही एक नर्स की मुस्तैदी से, हर समय सेवा के लिए तत्पर मुद्रा में हाज़िर दिखाई देती हैं। उनके जीवन का आरंभ, मध्य और अंत घर की चहारदीवारी के भीतर सिर्फ़ एक नायक के इर्द-गिर्द बग़ैर किसी पटाक्षेप के घटता चला जाता है। ऐसी औरतों की जमात बहुत बड़ी है। आश्वस्तिकर बात यह है कि हमसे अगली पीढ़ी इस बँटे हुए रोल से बाहर निकल आई है और घर और बाहर की अपनी भूमिका को ज़्यादा समझदारी और आत्मसम्मान के साथ निभा रही है।

डर*

दुपहर की फ़ुरसती धूप में शेल्फ पर मुस्कुराती किताबें थीं।

क़रीने से सजी किताबों में से एक नई-सी दिखती किताब को उसकी उँगलियों ने हल्के से बाहर सरका लिया। उसे उलट-पलटकर देखा। यह एक रूमानी उपन्यास था। कवर पर एक आकर्षक तस्वीर थी।

उसने कुछ पन्नों पर एक उड़ती-सी निगाह डाली। फिर पहले पन्ने पर उसकी निगाह थम गई। किताब के पहले पन्ने पर दाईं ओर ऊपर की तरफ़ एक मैली-सी चिप्पी थी।

वह एकाएक सोच में उलझ गई।

वह सोचती रही और चिप्पी को कुरेदती रही जो ऊपर से चिपकाई गई थी।

अब वहाँ किताब की जगह सिर्फ़ एक चिप्पी थी।

उसके नाख़ून भोथरे थे। फिर भी चिप्पी का एक कोना कुछ नरम होकर खुला।

उसकी उँगलियाँ अब कौशल में डूब गईं। उसे सिर्फ़ चिप्पी निकालनी थी। किताब का पन्ना ख़राब किए बिना।

'कोई फ़ायदा नहीं, छोड़ दे,' उसने अपनी उँगलियों से कहा, 'इस चिप्पी को हटाने के बाद भी इसके निशान किताब पर रह जाएँगे।'

पर उँगलियों ने सुना नहीं। वे अपने काम में दक्षता से तल्लीन रहीं। तब तक, जब तक वह चिप्पी उखड़ नहीं गई।

उसकी मुस्कुराहट फैलने से पहले ही सिमट गई। चिप्पी के साथ किताब का थोड़ा-सा काग़ज़ भी लिथड़ गया था। उस पर लिखा नाम आधा रगड़ खाए किताब के पन्ने और आधा चिप्पी पर था।

वह अपनी सोच से लौट आई थी। उसने चिप्पी को काँपते हाथों से दुलारा, सीधा किया, हथेली पर रखा और आईने के सामने जा खड़ी हुई।

---

* यह कहानी 'यथास्थिति' शीर्षक से 'हंस' जून 1996 में प्रकाशित है।

आईने में नाम सीधा हो गया था।

एक जादुई ताला जैसे खुला। वह सिर थामकर बैठ गई।

फिर ताक़त लगाकर उठी। उसने अपनी उँगलियों को कोसा। क्यों वे कोई-न-कोई ख़ुराफ़ात करती रहना चाहती हैं? क्यों?

उसके कानों में एक रुआबदार आवाज़ बजी, वह थरथराने लगी।

उस चिप्पी के पीछे गोंद लगाकर उसे फिर से चिपकाना चाहा। पर काग़ज़ उँगलियों के निरंतर प्रहार से छीज गया था। वह गीली छाप छोड़ रहा था।

उसने खुली किताब को धूप में रखा और बदहवास-सी घर में ढूँढ़ती फिरी, वैसी ही चिप्पी के लिए। मेज़, दराज़, शेल्फ, डिब्बे, फाइलें, लिफ़ाफ़े, अलमारियाँ, टी.वी. के ऊपर, किताबों के बीच। वह छपी हुई डाक टिकट के नीचे का अनछपा काग़ज़ था।

आख़िर मिला वह, पुरानी डायरी में रखे डाक टिकटों के साथ।

उसने उसी साइज़ की चिप्पी फाड़ी, वैसा ही उलटा नाम लिखा। उसे एहतियात से चिपकाया।

फिर उँगली को ज़रा मैला कर उस पर फिरा दिया।

उस चिप्पी को कई कोणों से उसने देखा।

अब उसने राहत की साँस ली। सब ठीक था।

उसने इत्मीनान से किताब को शेल्फ पर मुस्कुराती दूसरी किताबों के साथ पहले की तरह टिका दिया और दुपहर की फ़ुरसत ओढ़कर लेट गई।

डर

एक औरत का एक लंबे समय तक ख़ौफ़ में जीना...

यह एक गृहिणी के रोज़ की एकरस रूटीन में ख़लल डालती एक दोपहर की कहानी है।

हर औसत गृहिणी के दिन का एक बड़ा हिस्सा घरेलू कामकाज और बच्चों की पढ़ाई में चला जाता है। दोपहर का एक छोटा-सा हिस्सा होता है जो वह अपने लिए रखती है। दोपहर की एक छोटी-सी घटना के माध्यम से एक गृहिणी औरत के अपने घर की यथास्थिति को बनाए रखने की कहानी है यह।

इस कहानी के बारे में आम पाठकों ने यही कहा कि कहानी के माध्यम से आप क्या कहना चाहती हैं, हमारी समझ में बिल्कुल नहीं आया। तब मैंने इसके शीर्षक 'यथास्थिति' को बदलकर 'डर' कर दिया कि शायद अब कहानी कुछ खुले। खुली, लेकिन सबके लिए तब भी नहीं। क्यों? इसका बयान आगे...

कहानी की घरेलू औरत के घर की दीवारों में लगे शेल्फ हैं जहाँ किताबें ही किताबें सजी हैं। उस शेल्फ में आकर्षक कवर वाले एक नए रूमानी उपन्यास को देखकर वह पढ़ने के लिए हाथ में लेती है। वह किताब उसकी नहीं है। किताब नई है। ज़ाहिर है कि किताब उसके पति की है। किताब हाथ में लेते ही उसका ध्यान किताब के पहले पन्ने पर दाईं ओर चिपकी एक मैली-सी चिप्पी की ओर जाता है। जिज्ञासावश वह उसे कुरेद देती है। जैसे ही काग़ज़ हटता है, उसके साथ किताब पर लिखा हुआ नाम भी उतर जाता है। आईने में उस नाम को सीधा करके वह देखती है तो एक जादुई जाला जैसे खुलता है। कहानी में इस जगह अगर एक पंक्ति जोड़ दी जाए तो 'वह नाम उसके पति की प्रेमिका का है' तो कहानी के छिपे हुए सारे अर्थ खुलकर सामने आ जाएँ लेकिन अक्सर पाठकों की कल्पना शक्ति के लिए भी गुंजाइश छोड़नी पड़ती है।

एक घरेलू औरत अपने घर के बाशिंदों के साथ-साथ घर की दीवारों से भी इस तरह प्रेम करने लगती है कि वह ऐसी किसी भी स्थिति को उघाड़ना नहीं चाहती

जो यथास्थिति में ख़लल डाले। जो स्थितियाँ घर की नींव हिलाने में ख़लल डाल सकती हैं, उन्हें वह देखना ही नहीं चाहती। अपने पति को वह नहीं मालूम होने देना चाहती कि वह उसके 'प्रेम' के बारे में जानती है। वह अपने घर-परिवार में एक यथास्थिति ('स्टेटस क्वो') बनाए रखना चाहती है। इसलिए तब तक बेचैन रहती है जब तक उस किताब को पहले की तरह चिप्पी लगाकर छोड़ नहीं देती। नज़रअंदाज़ करने की एक गृहिणी की ख़ूबी के कारण ही पिछले दौर की अनगिनत शादियाँ टूटने से बच गईं।

यह सिर्फ़ एक औरत की कहानी नहीं है। ताउम्र ख़ौफ़ में जीने वाली औरतों की जमात काफ़ी बड़ी है। ऐसी सामान्य गृहिणियों की तादाद में कमी नहीं है जो हर वक़्त एक ख़ौफ़ के अंदेशे में जीती हैं, जिनके कानों में अपने पति की रुआबदार आवाज़ बजने की आशंका से ही वे थरथराने लगती हैं।

मध्यवर्गीय परंपरा एक ऐसी जकड़न है जो एक स्त्री के अस्तित्व और अस्मिता पर अपने पंजे तो कसती है पर उसे इसका अहसास तक होने नहीं देती। जीने में ख़लल डालने वाली किसी भी दुविधा या अड़चन को कोई भी घरेलू औरत पहचानना चाहती भी नहीं। इस कला में तो स्त्रियाँ माहिर होती हैं कि अपने परिवेश की खुरदरी और नकारात्मक स्थितियों में भी कुछ चिकने, समतल पॉज़िटिव कोण तलाश लेती हैं और सबसे पहले अपने को ही बहला पाने में समर्थ हो जाती हैं और अनजाने में अपनी इस कला को शाबाशी देती अपनी पीठ भी थपथपा लेती हैं।

आख़िर भारतीय संस्कृति और समाज में बिना किसी तूफ़ान और बवंडर के, परिवार संस्था यूँ ही बची नहीं रह गई। इसमें कमज़ोर कहलाई जाने वाली स्त्रियों के मज़बूत कंधों का एक ठोस योगदान रहा है। उसने परिवार की ज़िम्मेदारी ही नहीं उठाई, अपने को होम कर एक ख़ुशहाल ज़िंदगी जीने के सारे ओने-कोने सजाए और उसकी सलीब बिना किसी ढोल-नगाड़े के अपने कंधों पर उठा ली। बाद में जब इसका अहसास हुआ तो अपनी बेचैनी और अस्त-व्यस्तता को हॉर्मोन्स के असंतुलन का नाम देकर ख़ुद को परचा लिया। कुछ ने यह समझा कि अब भी देर नहीं हुई है और उन्होंने कोहरे में बिला गए इंद्रधनुषी रंगों में से कुछ रंगों को लौटाया पर अधिकांश ने अपने इर्द-गिर्द कोहरे की घनी चादर से अपने को ऐसा ढक लिया कि फिर किसी रंग को टटोलने की ज़रूरत ही नहीं रही।

एक पति के लिए जहाँ घर सुविधाओं की शरणस्थली और रुआब जताने की ज़मीन होता है, पत्नी के लिए ज़िम्मेदारी निभाने का मुकाम और भावात्मक जुड़ाव। घर-परिवार के लिए ही वह अपना पूरा अस्तित्व होम कर डालती है और इसका उसे कोई मलाल नहीं होता, क्योंकि 'घर' हमेशा उसकी पहली प्राथमिकता होता है।

यह सच है कि आज की लड़कियों में आत्मविश्वास पिछली पीढ़ी से कहीं ज़्यादा है, यह आत्मविश्वास ही उनके जीवन का नमक है, अपनी स्थिति को मज़बूत करने का जज़्बा भी है और जागरूकता भी। वे इस तरह की उपेक्षा, अवहेलना और अवमानना का प्रतिकार करना सीख रही हैं। एक हद तक वे इस स्थिति से बाहर निकल आई हैं, क्योंकि वे अपने घर का ईंट-गारा ख़ुद बनाती हैं, इसलिए उन तमाम दबावों से बाहर होती हैं जो इन्हें कभी भी घर से बेघर कर सकते हैं। एक औरत का अधिकार है कि वह अपने घर में सम्मान के साथ बिना किसी दहशत और ख़ौफ़ के जी सके।

कहानी

नमक

रोज़ की तरह सुबह के नौ बजे। फिर साढ़े नौ। नाश्ता मेज़ पर सजाकर सिया इंतज़ार करने लगी। नहाकर बाथरूम से टाई कसते हुए पति—जिन्हें सब 'साहब' कहते थे—अब दफ़्तर जाने के लिए निकलेंगे। सिया ने कई बार मेज़ पर सजी हर चीज़ का मुआयना किया—हर चीज़ अपनी सही जगह पर थी। कल्ले फूटे साबुत मूँग। कटा हुआ पपीता, सेब के कुछ टुकड़े। अनार के छिले हुए दानों के साथ पत्तागोभी, खीरा, टमाटर, हरे प्याज़ के पत्ते का बारीक़ कटा सलाद और उस पर डालने के लिए धनिए-पुदीने की हरी चटनी और खट्टी-मीठी इमली की चटनी।...ज़र्दी के बग़ैर दो अंडों की भुरजी। छाछ का गिलास। पनीर को ख़ूब फेंटकर बनाए गए मीठे संदेश। और इन सबसे पहले गाजर-चुकंदर का ताज़ा निकाला हुआ जूस...और अंत में टिकोज़ी से ढकी केतली में हरी चाय...

आफ्टर शेव की महक से गमकते हुए साहब डाइनिंग टेबल की कुर्सी पर आकर ऐसे बैठे जैसे प्राचीन काल में महाराजाधिराज अपने रत्नजटित सिंहासन पर आ विराजते थे। उनके बैठते ही सिया ने पति के हाथ में ताज़ा निकाला रस थमाया जिसका स्वाद लेते हुए पति ने धीरे-धीरे उसकी चुस्कियाँ भरीं और ख़ाली गिलास एक किनारे पर रख दिया। अब कटे हुए फलों का नंबर था। उसके बाद उन्होंने अंडों की सफेदी की भुरजी का पहला निवाला जैसे ही होंठों से लगाया, चम्मच को टन्न से कोरेल की प्लेट पर खनकाते, नाक चढ़ाकर बोले—नमक कम है, हुँह! फीका! बेस्वाद!

नमक! चम्मच की टंकार से उसे तीस साल पहले की एक सुबह याद आ गई जब उसकी नई-नई शादी हुई थी। शादी के तुरंत बाद उसकी दिनचर्या में एकाएक कायापलट हो गया था जिससे तालमेल बिठाने में उसके दिन का अधिकांश हिस्सा

होम हो जाता था। शादी से पहले वह स्कूल में लड़कियों को पढ़ाती थी और माँ उसके घर से निकलने से पहले उसके लिए नाश्ते की थाली में पराँठे लिये खड़ी रहती थी। शादी के बाद रोल रिवर्सल हो गया था। अब उसे अपना नाश्ता ख़ुद करना था पर उससे पहले अपने साहब को ऐसा भरपेट नाश्ता देना था कि दोपहर के चार बजे तक उन्हें भूख न लगे।

"स्कूल में नौकरी?" साहब ने मुँह बिचकाया था—"तुम्हारे नाम से एक कंपनी खोल दी है मैंने। मेरा दोस्त उस कंपनी का सब कुछ देखेगा। तुम्हें सिर्फ़ मालिक की तरह चेक पर दस्तख़त करने होंगे।" इससे पहले कि वह कुछ पूछती-कहती, उसके हाथ में कंपनी के काग़ज़ात थमा दिए गए—"यहाँ साइन करो—प्रोपराइटर की जगह!" और वह मशीन से परिचालित गुड़िया-सी हस्ताक्षर करती गई—एक के बाद एक, जहाँ-जहाँ साहब ने पेंसिल से क्रॉस का निशान लगाया था। और उसके ओहदे में इज़ाफ़ा हो गया। टीचर की जगह अब वह डायरेक्टर थी। पर केवल काग़ज़ पर।

एक दिन वह सुबह के नाश्ते के लिए मेज़ लगा रही थी। तभी साहब के उस मित्र का फ़ोन आया जो कंपनी का सारा कामकाज देखता था। कंपनी के काम से बाहर जाते हुए वह एयरपोर्ट से फ़ोन कर रहा था और उसने तीन-चार क्लायंट्स को फ़ोन कर एक ज़रूरी मैसेज देने के लिए कहा। बेशक वह उस कंपनी में सिर्फ़ नाम की डायरेक्टर थी पर साहब की हिदायत थी कि उनका मित्र कोई भी काम कहे तो वह फ़ौरन हो जाना चाहिए।

साहब हमेशा की तरह आए, कुर्सी पर विराजे, नाश्ता किया, निकल गए। जब ऑफ़िस से लौटे तो सूजा हुआ मुँह लेकर। वह मनुहार करती रही—आख़िर हुआ क्या? ऐसे चुप क्यों हो आख़िर? वह कुछ समझ नहीं पाई। उससे कब कहाँ कोई ऐसी ग़लती हो गई कि साहब बात तक नहीं करते। बहुत मनुहार करने पर उन्होंने दहाड़कर कहा—"मैं फीका नाश्ता करके गया, नमक कहाँ था? तुम्हारे लिए मेरे नाश्ते से ज़्यादा ज़रूरी था—मेरे उस दोस्त का फ़ोन सुनना।"

ओह! वह सकते में आ गई। हड़बड़ाहट में सुबह के नाश्ते के वक़्त वह मेज़ पर नमक और काली मिर्च रखना भूल गई थी। पर साहब ने न नमक माँगा, न ख़ुद उठकर रसोई में जाकर लिया।

"सो सॉरी रियली!" उसने बार-बार माफ़ी माँगी।

"अंग्रेज़ी झाड़ने से बच जाओगी? हुँह, तुमने समझ क्या रखा है?" साहब ने तीन दिन बाद उसके माँ-बाप के घर जाकर उसकी शिकायत की कि वह ऐसी बदचलन औरत के साथ कैसे रह सकते हैं जो उनके दोस्त से बात करने में इतनी मशगूल हो गई कि उन्हें ढंग से ख़ाना भी नहीं खिलाती...और अगली बार ऐसा कुछ

फिर दोहराया गया तो वे उसे तलाक दे देंगे। तलाक का नाम सुनकर ही माँ-बाप थर-थर काँपने लगे। उनकी बड़ी बेटी जानकी के साथ पहले ही यह हादसा हो चुका था। अब छोटी भी एक बेटे को गोद में झुलाते आकर माँ-बाप के दरवाज़े पर खड़ी हो जाए तो उन्हें कुंभीपाक नरक से भी गहरी यातना झेलनी होगी।

''इतनी भी बुद्धि तुझमें नहीं कि पहले पति का ख़याल करे। सुबह से काम पर गया पति रात को लौटता है। याद रखना, उसे तूने शिकायत का मौक़ा दिया तो हमारे घर के कपाट भी बंद हैं तेरे लिए।''—बेटी को घर बुलाकर माँ-बाप ने हिदायतों का अच्छा-ख़ासा खर्रा उसे सुना डाला। एक नमक को लेकर इतना बड़ा बवाल हो जाएगा कि बात उसके चरित्र तक पहुँच जाएगी—यह उसने सोचा भी नहीं था। शादी की पहली सालगिरह को ही एक बेटा उसकी गोद में था। वह अपने छोटे से बेटे को कलेजे से लगाकर रोती रही और यह ठान लिया कि वह अपने माँ-बाप को शिकायत का दूसरा मौक़ा हरगिज़ नहीं देगी।

उसके बाद तीस सालों में वह कभी मेज़ पर नमक और काली मिर्च रखना नहीं भूली। 'नमक' के ज़िक्र से ही हमेशा उसकी नसों में सिहरन-सी दौड़ जाती। एक अनचीन्हे ख़ौफ़, तनाव और दहशत को वह तीस साल झेलती रही।

तीस साल बाद भी साहब अपने नमक पर क़ायम थे। उन्होंने वही क्रिया दोहराई। चम्मच को टन्न से कोरेल की प्लेट पर खनकाते, नाक चढ़ाकर बोले—

''सुना नहीं, नमक कम है! डाला ही नहीं! लगता है, भूल गई!''

सिया अपनी प्लेट में से कटे हुए पपीते के टुकड़ों को काँटे में फँसाकर आहिस्ता-आहिस्ता मुँह में डालती रही। पपीते का एक बड़ा-सा टुकड़ा पूरा चबाने के बाद गले से नीचे उतर गया तो धीमी आवाज़ में बोली—''नहीं, भूली नहीं। डॉक्टर ने कम नमक ख़ाने को कहा है। याद नहीं? आपका बी.पी. हाई है, फिर भी लेना हो तो आपके सामने ही ट्रॉली में पड़ा है!''

अपने घर में सम्मान के साथ जीने का अधिकार

भारतीय समाज में पुरुष-वर्चस्व की जड़ें इतनी दूर तक और इतने गहरी पसरी हुई हैं कि अपने अगल–बग़ल, दाएँ-बाएँ, गली-नुक्कड़, जहाँ नज़र दौड़ाएँ, आपको हर ओर इस पितृसत्तात्मक समाज से मिले अवांछित दबाव की अलग-अलग क़िस्में नज़र आएँगी।

यह किसी एक औरत की कहानी नहीं है। ऐसी औरतों की जमात काफ़ी बड़ी है। महिला सलाहकार केंद्रों में काम करने वाली कार्यकर्ताएँ ऐसी औरतों से बख़ूबी परिचित हैं जो ताउम्र ख़ौफ़ में जीती हैं। जब 30 मार्च, 2008 में मेरा आलेख 'द वॉयलेंस ऑफ़ सायलेंस' छपा था तो ऐसी अनगिनत घटनाएँ सामने आई थीं। घटनाएँ बेशक छोटी थीं–इतनी ही छोटी जितनी इस कहानी में हैं पर उसके आफ्टर इफ़ेक्ट्स, उसके पीछे का माइंड सेट ज़िंदगी को बेरौनक़ करने के लिए काफ़ी था।

'जिसके निशान नहीं दीखते...' आलेख में एक मुद्दा है–पुरुष के कार्यक्षेत्र का बड़ा स्पेस और औरत की रसोई। परिवार बना तभी से यह दोयम दर्जा तय हुआ। पुरुष ने स्त्री को घर के काम दिए। वह बाहर गया। घर से निकलने और घर लौटने के बीच उसकी नौकरी के घंटे निश्चित हुए लेकिन स्त्री के काम के घंटे तय नहीं हुए क्योंकि वह बाहर गई ही नहीं। एक गृहिणी के काम के घंटे जागने से शुरू होते हैं और सोने तक चलते रहते हैं। चूँकि पुरुष के काम के घंटे तय थे, इसलिए उसका पारिश्रमिक तय था। पारिश्रमिक तय होने से उसका दर्जा भी तय था। लेकिन स्त्री पर सब थोपा हुआ था इसलिए उसका दर्जा शुरू से ही कमतर रहा। कई बार पति और ससुराल वाले चाहते ही नहीं कि लड़की नौकरी करे। कई बार तो नौकरी नहीं करने को शादी की अनिवार्य शर्त बना दिया जाता है। यह एक लड़की को बाहरी स्पेस से काटने का अचूक औज़ार है। घरेलू श्रम अवैतनिक मानद कर्तव्य का इतना

महान दर्जा पा जाता है कि औरत अपना पूरा अस्तित्व ही सहर्ष उसमें विलुप्त हो जाने देती है।

इसके बाद ही शुरू होता है—दाम्पत्य का एक औसत युद्धस्थल—ख़ाने की मेज़। लड़कियाँ इस मुहावरे को सच मान लेती हैं कि पुरुष के दिल तक पहुँचने का रास्ता उसके पेट से होकर जाता है—'द वे टु अ मैंस हार्ट इज़ थ्रू हिज़ स्टमक'। यह वे नहीं समझ पातीं कि ख़ाना एक 'कारण' नहीं, उसे उलझाए रखने और तनाव में बनाए रखने का एक बहाना मात्र है। इसे समझने के बजाय वे ताउम्र नए से नया ख़ाना बनाने और ख़ाने में नए से नए प्रयोग करने के तरीक़े ईजाद करती रहती हैं।

दरअसल 'नमक' कहानी की सिया भी लंबे अरसे तक पहचान नहीं पाती कि नमक वहाँ सिर्फ़ 'नमक' नहीं है। सिर्फ़ नमक होता तो वह ख़ुद उठकर ले लिया जाता या माँग लिया जाता। नमक वहाँ एक हाथ आया मुद्दा है जिसे हाथ में आने के बाद पति छोड़ना नहीं चाहता और उसके लिए नमक का न होना ही ज़्यादा ज़रूरी हो जाता है। इस मुद्दे की डोर पकड़कर ही पत्नी के चरित्र तक और तलाक तक पहुँचा जा सकता है। अपने पति को 'साहब' या 'सर' का दर्जा देते ही वह ग़ुलाम की भूमिका में आ जाती है। ग़ुलाम की आँखें नीची और आवाज़ धीमी रहती है। माँ के घर से भी उसे ऐसी ही हिदायतें थमाकर भेजा जाता है। घर कितनी भी ऊँची हैसियत का हो, पति कितना भी उच्च शिक्षाप्राप्त, संभ्रांत और शालीन हो, अगर औरत ख़ुद ग़ुलाम की भूमिका में आकर काँपती रहती है तो बाहर नौकरी पर जाने वाला पुरुष मालिक के रुतबे में क्यों नहीं आएगा? 'नमक' कहानी की नायिका को अपनी आवाज़ को साधने में तीस साल लग गए। परिवार बना रहा। बच्चे बड़े हो गए। अपनी स्थितियों की पहचान उभरी तब आवाज़ में एक सधी हुई आश्वस्ति आई जिसमें पति की सेहत के प्रति एक कन्सर्न के साथ-साथ ग़ुस्से और अवज्ञा को तटस्थता से लेने और भीतरी विश्वास से उसे निरस्त कर देने की ताब समाहित थी।

आज स्थितियाँ बदली हैं। लड़कियाँ आत्मनिर्भर हो रही हैं। एक लंबे समय तक लड़कियों से नौकरी करवाना आम मध्यवर्गीय परिवारों के लिए भी सम्मानजनक नहीं समझा जाता था और ऐसे परिवारों को पास-पड़ोस के लोग हेय दृष्टि से देखते थे जिनकी लड़कियाँ नौकरी करती थीं। भारतीय समाज के मध्यवर्गीय ढाँचे में हमने लड़कियों को आधुनिक और आत्मनिर्भर तो बनाया पर उसे वह माहौल देने में असमर्थ रहे जहाँ यह आत्मनिर्भरता उसे बराबर का हक़ या सम्मान दिला पाती। यानी कुल जमा नतीजा यह कि लड़कियाँ पढ़-लिख रही थीं, नौकरी कर रही थीं, इसके बावजूद हमारे मध्यवर्गीय समाज ने एक तयशुदा ढाँचा बना रखा था—एक फिक्स्ड पैटर्न—जिसमें पढ़ी-लिखी लड़की को भी ठोक-पीटकर